Leo Warzecha,

1952 in Wien geboren,
wirkt in der evangelischen
Kirche Österreichs als Lektor

Leo Warzecha

Wegweisung in die Freiheit

Die Zehn Gebote im Gespräch

Herstellung und Verlag:
Books on Demand GmbH, Norderstedt.

Umschlagdesign und Layout:
Kenny Lang

ISBN-10 **3-8334-5364-8**
ISBN-13 **978-3-8334-5364-9**
Erste Auflage 2006

Pfarrer Friedrich Preyer gewidmet.

Er hat mich gelehrt, worauf es im Christentum wesentlich ankommt.

FRAGEN ZUM GEGENSTAND

Kennen Sie die Zehn Gebote? Diese Frage stellte ich kürzlich einem Bekannten, der höchst erstaunt antwortete: "Natürlich kenne ich sie".

Selbstverständlich kennen wir die Zehn Gebote, schließlich haben wir sie gelernt - im Religionsunterricht, im Konfirmandenunterricht, im Firmunterricht. Zwar liegt das schon viele Jahre zurück, bei manchem vielleicht Jahrzehnte, aber was man einmal wirklich gelernt hat, vergisst man nicht so leicht. Außerdem gehört die Kenntnis des Dekalogs in unserem Kulturkreis ganz einfach zur Allgemeinbildung, was soll also diese Frage?

Trotzdem behaupte ich, dass nur wenige die Zehn Gebote kennen, genauer: die Zehn Gebote, so wie sie in der Bibel überliefert sind. An folgendem Beispiel soll dies gezeigt werden:

Vor kurzem blätterte ich in einem Lehrbuch für den Religionsunterricht. Beim Kapitel, das die Zehn Gebote behandelt, habe ich innegehalten. Das erste Gebot lautet hier folgendermaßen: "Du sollst an einen Gott glauben."

Wer diese Worte liest oder hört, wird daraus den Schluss ziehen, es gelte, an irgendeinen Gott zu glauben, wobei es im Grunde gleichgültig ist, wer dieser Gott sein mag oder wie man ihn sich vorstellt. Es kommt nur darauf an, zu glauben. Irgendwie erinnert das an die Aussage vieler Menschen, die auf die Frage, ob sie an Gott glauben, erwidern: "Ja, denn irgendein höheres Wesen muss es ja geben."

Oberflächlich betrachtet, klingt das sehr modern, aufgeschlossen und tolerant. Da wird niemand auf eine bestimmte Gottesvorstellung verpflichtet, auf kein Dogma eingeschworen, da kann sich jeder seinen Gott selbst aussuchen. Hauptsache, man glaubt an irgendetwas. Doch ist wirklich das gemeint, wenn es in der Bibel heißt: " *Ich bin der HERR, dein Gott, der ich dich aus Ägyptenland heraus geführt habe, aus der Knechtschaft. Du sollst keine anderen Götter haben neben mir.*" Das ist nämlich der echte Wortlaut des 1. Gebotes und da wird sehr wohl eine eindeutige Vorstellung von Gott vermittelt. An einen ganz bestimmten Gott zu glauben, wird hier gefordert. An diesen und keinen anderen. Keine Rede davon, dass ich mir meinen Gott aussuchen kann, aus dem vagen Glauben an "ein höheres Wesen" wird da nichts. Dieser Gott und kein anderer! Eine Ausschließlichkeit beanspruchende Forderung, die so gar nicht in unsere moderne, pluralistische Welt, in der jeder nach seiner Façon selig werden soll, passen will. Dieser Gott - und sonst nichts, ein unerbittliches Entweder-Oder. So lautet das Gebot und so absurd es auf den ersten Blick erscheinen mag, nur so kann der Mensch ein Leben in Freiheit und Würde führen. Doch darüber werden wir uns noch ausführlich in unserer Diskussion über das 1. Gebot unterhalten. Dieses Beispiel soll nur zeigen, wie oberflächlich uns die Zehn Gebot üblicherweise nahe gebracht wurden.

Doch das ist noch nicht alles. Die Manipulation der Menschen mit dem Dekalog – dies ist die griechische Bezeichnung für die Zehn Gebote - geht noch weiter. So weit nämlich, dass man eines der Gebote einfach unter den Tisch fallen ließ. Es handelt sich um das 2. Gebot, das die Anfertigung von Gottesbildern verbietet: *"Du sollst dir kein Bild machen."* – so lautet es. Für die römisch-katholische Kirche war das Bilderverbot unbrauchbar geworden und so hat man es einfach aus dem Register der Gebote gestrichen. Selbst bei Luther suchen wir dieses Gebot vergeblich. Erst die Schweizer Reformatoren Zwingli und Calvin nahmen dieses Gebot wieder ernst und versuchten, es zu verwirklichen mit der Folge, dass kalvinistische Kirchen bis auf den heutigen Tag weder Bilder noch sonstigen Schmuck kennen.

Da das Zweite Gebot gestrichen wurde, gab es nun plötzlich nur mehr neun Gebote. Irgendetwas musste also geschehen, um die richtige Anzahl wieder herzustellen. Man behalf sich, indem das letzte Gebot geteilt und so aus einem zwei gemacht wurden. Jetzt waren's wieder zehn und die kirchliche Welt war wieder in Ordnung. Allerdings hatte diese willkürliche Teilung zur Folge, dass die Zählung der Gebote, wie wir sie gewohnt sind, mit der der Bibel nicht übereinstimmt. Wieder möge ein Beispiel als Beleg dienen: der österreichischer Schriftsteller, Ludwig Anzengruber, hat ein Drama geschrieben, das die Achtung der Eltern zum Thema hat und den Titel "Das vierte Gebot" trägt. So sehr ist uns diese Zählung der Gebote in Fleisch und Blut übergegangen, dass es genügt, eine Zahl zu nennen und schon wissen wir, welches Gebot gemeint ist. Doch nunmehr müssen wir erkennen, dass wir falsch gezählt haben. Oder nehmen wir das sechste Gebot, das den Ehebruch verbietet - es ist wohl eines der Gebote, das selbst säkularisierte Menschen kennen. Nach der richtigen Zählweise ist es aber das siebente Gebot. Die richtige Zählweise ist aber jene, die das Bilderverbot als eigenes Gebot mit rechnet. Demnach ist dann auch das fünfte Gebot (Du sollst nicht töten) das sechste. Ziemlich verwirrend auf den ersten Blick, aber wir sollten uns wieder an diese ursprüngliche Zählweise gewöhnen.

Eben das werden wir in dieser Abhandlung tun, weil wir das 2. Gebot sehr wohl separat behandeln werden. Mehr noch - ich meine, dass es gerade heute besonders wichtig ist, das Bilderverbot wieder ernst zu nehmen.

Begeben wir uns also auf die Wanderung zu den Zehn Geboten. Wir werden feststellen, dass wir in ein Land der Freiheit, Gerechtigkeit und Menschenwürde kommen .Schließlich wird uns bewusst werden, dass die Zehn Gebote Ausdruck dessen sind, dass Gott uns Menschen als eigenverantwortliche, freie Personen betrachtet.

HINFÜHRUNG ZUM GEGENSTAND

Von allen Lebewesen ist allein der Mensch mit der Fähigkeit, zu sprechen, begabt. Zwar sind auch die Tiere in der Lage, durch bestimmte Laute Empfindungen und Gefühle auszudrücken oder auf gewisse Zustände und Gefahren hinzuweisen. Doch nur der Mensch vermag, Gedanken zu ordnen und anderen in sinnvollen Sätzen mitzuteilen. Ohne Zweifel kann behauptet werden, dass die Sprache eines der Wesensmerkmale des Menschengeschlechts ist.

Sprache besteht aus Sätzen und diese wiederum aus Worten. Das Wort ist also der Baustein der Sprache.

Ein rechtes Wort zur rechten Zeit vermag Großes zu bewirken. Worte können aufbauen, Mut machen, Trost spenden, Kraft geben. Ein am Rande der Verzweiflung stehender Mensch kann neue Kraft und Hoffnung bekommen, sobald ein gutes Wort an ihn gerichtet wird. Worte heilen oft besser als die beste Arznei. Sie können aber auch das Gegenteil bewirken. Worte können giftige Pfeile sein, die verletzen, sogar töten. Das Wort hat Macht - zerstörende oder aufbauende, krank machende oder Leben spendende.

Freilich kann das Wort auch zur sinnlosen Worthülse, zur Floskel werden. Wie viele Worte sprechen wir täglich aus, ohne sie wirklich ernst zu meinen. Wenn wir z.B. unser Bedauern mit den Worten "das tut mir leid" ausdrücken, leiden wir da wirklich? Es gibt eine Inflation von Worten, durch die das einzelne Wort seinen Wert zu verlieren droht.

Auch Gott spricht uns an, richtet Sein Wort an uns. Davon sind Christen überzeugt, daran glauben aber auch die Angehörigen der beiden monotheistischen Schwesternreligionen, Juden und Muslime. Irgendwie ist ja jeder religiöse Mensch überzeugt, von Gott angesprochen zu werden - wie immer er sich Gott denken mag. Trotzdem fassen erst die prophetischen Religionen - Judentum, Christentum und Islam - dies als persönliche Anrede auf, denn erst in der Bibel wird die Beziehung zwischen Gott und Mensch als eine persönliche erfahren. Zu Recht hat der große jüdische Religionsphilosoph Martin Buber das Verhältnis zwischen Gott und Mensch als "dialogisch" bezeichnet.

Nun hören wir Tag für Tag so viele Worte. Nie zuvor waren Menschen von so vielen Stimmen umgeben wie heute: Radio, Fernsehen, Zeitungen, Werbespots ... überall flotte Sprüche und lustige Bemerkungen. Niemals zuvor dürfte das menschliche Wort so inhaltsleer, so recht ohne tiefere Bedeutung gewesen sein wie im Zeitalter der Massenmedien. Wer nimmt schon alle Aussagen der

Werbung ernst, wer schenkt noch den vielen Versprechungen der Politiker Glauben? Tatsächlich ist das menschliche Wort sehr oft zur Leerformel geworden.

Ein konkretes Wort

Gottes Wort ist da ganz anders. Wenn Gott spricht, meint Er es wirklich ernst, Sein Wort hat Inhalt und Bedeutung. Trotzdem überhören es die Menschen so oft, meinen sogar, Gott sei stumm. Gewiss war es immer schwierig, Gottes Wort zu hören. Heute jedoch ist es vielen Menschen beinahe unmöglich geworden. Zu viele Nebensächlichkeiten lenken unsere Aufmerksamkeit von Gott ab, zu laut und lärmend dringen die verschiedenen Aussagen an unser Ohr. Aber Gottes Wort kann nur in der Stille gehört werden, doch gerade sie fürchtet der moderne Mensch besonders.

Vor allem aber ist Gottes Wort konkret. Gott redet nicht um den heißen Brei herum, wie das die meisten Politiker zu tun pflegen. Er quatscht nicht stundenlang über Nichtigkeiten, wie das die Leute der High Society in ihren Small-talks so gerne tun. Gottes Wort ist stets konkret, weil es immer in eine konkrete Situation hinein und zu konkreten Menschen gesprochen wird.

Genau so verhält es sich auch mit den Zehn Geboten. Sie sind Gottes Wort, das an konkrete Menschen in einer ganz bestimmten Situation gerichtet ist, nämlich an das Volk Israel an einem besonderen Ort und Zeitpunkt seiner Geschichte. "*Gottes Gebot ist Gottes Rede zum Menschen und zwar in ihrem Gehalt wie in ihrer Gestalt konkrete Rede zum konkreten Menschen*" schreibt Dietrich Bonhoeffer in seiner "Ethik". Und weiter: "*Die Konkretheit des göttlichen Gebots begegnet in geschichtlicher Gestalt.*" [1] Welcher ist nun der konkrete Ort in der Geschichte Israels, an dem Gott es anspricht und ihm die Gebote übergibt? Die Bibel berichtet, dass dies am Berg Sinai geschah. Dort, mitten in der steinigen Wüste, stieg Gott herab, um Seinem Volk mitzuteilen, wie es leben solle. Gott stellt an die Israeliten also bestimmte Forderungen. Er tut dies, weil Er Seinen Bund mit ihnen schließen will. Er stellt an das Volk Israel Forderungen, weil Er selbst eine Vorleistung erbracht hat. Gott hat nämlich Sein Volk aus der ägyptischen Sklaverei befreit. "*Ich bin der HERR, dein Gott, der ich dich aus Ägyptenland, aus der Knechtschaft, heraus geführt habe*" (2.Mos. 20,2). Doch Gott hat Israel nicht aus der Sklaverei befreit, um es bis ans Ende der Tage kreuz und quer durch die Wüste wandern zu lassen. Vielmehr will Er Seinem Volk eine Heimstatt geben, wo es

---

[1] Dietrich Bonhoeffer: Ethik; Bonhoeffer-Auswahl Band 4, S. 147, Gütersloh 1977)

ein Gemeinwesen errichten soll, das sich von jenem Ägyptens grundlegend unterscheiden soll. Es soll eine Gemeinschaft sein, die es jedem Menschen ermöglicht, in Würde und Freiheit zu leben. Es soll eine Gemeinschaft sein, die vom Gedanken der Gerechtigkeit und des Rechts geleitet wird. Zu diesem Zweck hat Gott Israel Seine Gebote übergeben. Sie stellen also Gottes Weisung an Menschen dar, ihr Leben in Gemeinschaft unter Beobachtung bestimmter Werte zu führen. Gott hat Seinem Volk die Freiheit geschenkt, nunmehr sollen die Befreiten ihrerseits einander Freiheit schenken. Daher sind die Gebote kein auferlegter Zwang, sondern Ausdruck großen Vertrauens, das Gott den Menschen entgegenbringt. Denn Er traut ihnen zu, eine Gemeinschaft in Gerechtigkeit zu gestalten, ein Gemeinwesen zu organisieren, das jedem Menschen ein Leben in Würde und Freiheit ermöglicht. Richtig verstanden sind die Gebote daher eine göttliche Weisung zur Freiheit. *"Das Gebot Gottes ist die Erlaubnis, als Mensch vor Gott zu leben. Das Gebot Gottes ist* Erlaubnis.*"* schreibt der bereits zitierte Dietrich Bonhoeffer.

Die Zehn Gebote als Weisung zur Freiheit, als Erlaubnis zu sehen, mag manchem Zeitgenossen ungewohnt erscheinen. Dies ist nicht weiter verwunderlich, wurden die Gebote doch allzu oft als eine Sammlung von Vorschriften verkündet, deren Einhaltung unter Androhung der schlimmsten Strafen erzwungen wurde. Doch die Geschichte zeigt deutlich, dass niemand zum Gutsein gezwungen werden kann. Wer nur in Erwartung einer Belohnung Gutes tut, handelt wie ein dressiertes Tier, das eine angelernte Zirkusnummer nur deshalb ausführt, weil es weiß, dass es anschließend ein Leckerbissen er wartet. Wer das Böse nur aus Angst vor Strafe meidet, hat es innerlich nicht wirklich überwunden. Dazu kommt, dass die Androhung von Höllenstrafen dort ohne Wirkung bleibt, wo den Menschen ihr Seelenheil im Grunde gleichgültig ist, weil sie an das Jenseits nicht glauben. Dies trifft wohl für die meisten modernen Menschen zu. Denn sind sie theoretisch zumeist Agnostiker, im praktischen Leben jedoch vielfach Atheisten.

Dekalog ohne Gott?

Nun gibt es aber Atheisten, die die Zehn Gebote keineswegs ablehnen. Oft sehen sie in ihnen so eine Art universales Sittengesetz, das in der einen oder anderen Form bei allen Völkern und zu allen Zeiten existierte. Lügen, Stehlen und vor allem Morden gelten schließlich bei allen Nationen als Verbrechen und werden daher bestraft. Dies wird dann oft als Argument angeführt, dass die Zehn Gebote ein rein menschliches Produkt seien und keineswegs göttlichen Ursprungs.

Ein Christenmensch kann diese Einstellung durchaus respektieren, teilen kann er sie freilich nicht. Oben haben wir gesehen, dass die Gebote eine Weisung zu einem Leben in Freiheit,

Würde und Gerechtigkeit sind. Juden und Christen glauben, dass ein solches Leben nur dann geführt werden kann, wenn sowohl das Leben als auch Freiheit, Würde und Gerechtigkeit als Geschenke Gottes angesehen werden. Wollen wir den Dekalog jedoch ohne Gott, so reduzieren wir ihn gerade auf jenes Disziplinierungsinstrument, das die Menschen zu Recht ablehnen. Erinnern wir uns an die Worte Dietrich Bonhoeffers, wonach Gottes Gebot die Erlaubnis ist, als Mensch vor Gott zu leben. Wir Christen glauben, dass wir unser Menschsein nur dann verwirklichen können, wenn wir es vor Gott leben.

Kehren wir jetzt zum Ausgangspunkt zurück. Ein Wort soll gehört werden, doch das allein genügt noch nicht. Es verlangt eine Reaktion seitens des Hörers, auf ein Wort soll eine Antwort folgen. Dieser Begriff steht in Verbindung mit dem Wort "verantworten" und in diesem steckt wiederum das Wort "antworten". Verantwortlich ist ein Mensch für Aufgaben, die ihm in einer bestimmten Situation übertragen werden. Statt "übertragen" können wir auch sagen: anvertraut oder zugemutet werden. Im ersten Wort steckt "Vertrauen" drinnen, im zweiten dagegen "Mut". Wird einem Menschen eine Aufgabe übertragen, so vertrauen wir ihm, und wenn wir sie ihm zumuten, sprechen wir ihm gleichsam Mut zu, diese Aufgabe zu wagen. Eine Aufgabe übertragen zu bekommen, ist also stets eine Auszeichnung.

Daher ist Verantwortlichkeit auch ein Wesensmerkmal des Menschen, so wie die Sprache - und beides gehört ja zusammen. Vielleicht ist Verantwortlichkeit – mehr noch als die Sprache - jenes Merkmal, das den Menschen von anderen Lebewesen wesentlich unterscheidet, gleichsam seine "Differentia specifica". Der Wiener Psychoanalytiker und Begründer der Logotherapie, Viktor Frankl, meint" ... *das Verantwortlichsein bzw. Verantwortung-haben ist die Grundlage menschlichen Seins als eines geistigen und nicht bloß tierhaften."* Frankl sagt auch weiter, dass *"ein Mensch um so mehr Mensch ist, je mehr er bereit ist, Verantwortung zu tragen"*.[2]   Der glaubende Mensch ist überzeugt, seinen Mitmenschen und in letzter Instanz seinem Schöpfer gegenüber verantwortlich zu sein.

---

[2]   Viktor Frankl: „Der unbewusste Gott; Psychotherapie und Religion"; S. 13, München 1992)

Der verantwortliche Mensch in der Entscheidung

Vor Gott also müssen wir uns verantworten. Allerdings darf unsere Antwort auf Gottes Anrede nicht in blindem Gehorsam bestehen. Gehorsam gegenüber Gott setzt vielmehr die freie, persönliche Entscheidung für Ihn voraus. Nur wenn ich mich aus der Tiefe meines Seins für Gott entscheide und mit meiner ganzen Persönlichkeit hinter diesem Entschluss stehe, ist meine Antwort aufrichtig. In seinem Roman "Der Rabbi" schildert der amerikanische Schriftsteller Noah Gordon ein Gespräch zwischen einem Rabbiner und einem jungen Mann, der von sich selbst behauptet, Agnostiker zu sein. Ein Agnostiker ist jemand, der die Existenz Gottes weder leugnet noch an sie glaubt, weil weder das eine noch das andere bewiesen werden kann. Eben das sagt der junge Mann auch dem Rabbiner, stößt damit jedoch bei ihm auf Ablehnung, die dieser mit folgenden Worten zum Ausdruck bringt: "*Der Mensch ist so beschaffen, dass er sich entscheiden muss. Über Gott wissen wir nichts - Sie nicht und ich nicht. Aber ich habe mich für Ihn entschieden*".

Dieser Satz ist gerade heute besonders wichtig, Viele Menschen sagen: "Ich würde durchaus an Gott glauben, wenn Seine Existenz bewiesen werden könnte". Aber Gott lässt sich nicht beweisen und jeder Versuch, dies zu tun, ist zum Scheitern verurteilt. Die mittelalterliche Theologie, die Scholastik, hat diesen Versuch unternommen und in der Folge wohl mehr Schaden als Nutzen angerichtet. Der Rabbiner hat schon recht: wir selbst müssen uns entscheiden - entweder für Gott oder gegen Ihn.

Hinweise auf Gott

Wir haben festgestellt, dass es unmöglich ist, die Existenz Gottes zu beweisen. Nichtsdestoweniger sieht der religiöse Mensch in der Welt mancherlei Hinweise auf Gott. Einige sehen sie in der Natur. Andere wiederum sagen, allein die Tatsache, dass überhaupt etwas existiert, sei schon ein Hinweis auf die Existenz des Schöpfers.

Dies alles mag durchaus zutreffen. Dennoch meine ich, dass der treffendste Hinweis auf Gott anderswo zu suchen ist, nämlich in der Fähigkeit des Menschen zu vernünftigem Handeln, vor allem aber in seiner Fähigkeit, zu lieben. Eine alte Frau, die die Hölle des Konzentrationslagers überlebt hatte, erzählte mir einmal folgende Geschichte:" Wenn wir auf unserem Weg vom Lager zur Arbeit in die Fabrik gingen, kam es immer wieder vor, dass auf der ca. drei Kilometer langen Strecke Menschen standen , die uns Brot oder Kartoffel zusteckten. Dies war für sie keineswegs ungefährlich, denn unsere Wächter zögerten nicht, auf diese Menschen zu schießen.

Dass Menschen ihr eigenes Leben gefährden, um anderen, ihnen völlig fremden Menschen zu helfen, ist für mich der stärkste Hinweis auf Gott. Damals bin ich, die ich ursprünglich Atheistin gewesen war, gläubig geworden."

Entscheidung für Gott oder gegen Ihn? Luther sagte einmal: *"Woran du dein Herz hängst, das ist in Wahrheit dein Gott."* Das würde bedeuten, dass jeder, der sich gegen Gott entscheidet, irgendetwas Anderes an Seine Stelle setzt. Einen solchen "Gott" nennt Luther "Abgott" und zwar mit Recht, denn er ist in der Tat nichts Anderes als ein billiger Abklatsch dessen, was dem glaubenden Menschen Gott bedeutet. Die Bibel gebraucht hier das Wort "Götze", die der Prophet Jeremia als "Nichtse" oder besonders spöttisch als" Vogelscheuchen im Gurkenfeld" bezeichnet (Jer. 10,5).

Wo ist unser Ägypten?

Wir haben gesehen, dass Gott Sein Wort stets in eine konkrete geschichtliche Situation hinein spricht. Die Situation Israels war die Exodusgeschichte, die Befreiung aus der ägyptischen Sklaverei. Versuchen wir, Ägypten nicht nur als ein bestimmtes Land, sondern als Chiffre für jede Form der Knechtschaft zu betrachten. Wollen wir Menschen des einundzwanzigsten Jahrhunderts die Zehn Gebote ebenfalls als Gottes an uns gerichtetes Wort verstehen, müssen wir uns fragen:

- wo und wie sind wir geknechtet?
- Sind auch wir Sklaven, und wenn ja: inwiefern?
- Wo liegt unser Sklavenhaus, unser Ägypten, aus dem Gott uns befreien will?
- Wie will Gott uns heute aus der Sklaverei befreien?

Sobald wir dies herausgefunden haben, ist Befreiung möglich.

Und dies sind die Worte, um die es geht:

Ich bin der HERR, dein Gott, der ich dich aus Ägyptenland, aus der Knechtschaft, geführt habe. Du sollst keine anderen Götter haben neben mir.

Du sollst dir kein Bildnis machen noch irgendein Gleichnis, weder von dem, was oben im Himmel, noch von dem, was unten auf der Erde, noch von dem, was im Wasser unter der Erde ist. Bete sie nicht an und diene ihnen nicht! Denn ich dein Gott bin ein eifernder Gott, der die Missetat der Väter heimsucht bis ins dritte und vierte Glied an den Kindern derer, die mich hassen, aber Barmherzigkeit erweist an vielen Tausenden, die mich lieben und meine Gebote achten.

Du sollst den Namen des HERRN deines Gottes, nicht missbrauchen, denn der HERR wird den nicht ungestraft lassen, der Seinen Namen missbraucht.

Gedenke des Sabbattages, dass du ihn heiligest. Sechs Tage sollst du arbeiten und alle deine Werke tun. Aber am siebenten Tag ist der Sabbat des HERRN, deines Gottes. Da sollst du keine Arbeit tun, auch nicht dein Sohn, deine Tochter, dein Knecht, deine Magd, dein Vieh, auch nicht der Fremde, der in deiner Stadt lebt. Denn in sechs Tagen hat der HERR Himmel und Erde gemacht und das Meer und alles, was darinnen ist, und ruhte am siebenten Tag. Darum segnete der HERR den Sabbattag und heiligte ihn.

Du sollst deinen Vater und deine Mutter ehren, auf dass du lange lebest in dem Lande, das der HERR, dein Gott dir geben wird.

Du sollst nicht töten.

Du sollst nicht ehebrechen.

Du sollst nicht stehlen.

Du sollst nicht falsch Zeugnis reden wider deinen Nächsten.

Du sollst nicht begehren deines Nächsten Haus. Du sollst nicht begehren deines Nächsten Weib, Knecht, Mag, Rind, Esel noch alles, was dein Nächster hat.

HINFÜHRUNG ZUR METHODE

Viel ist über die Zehn Gebote schon geschrieben worden! Bücher, Broschüren und sonstige Schriften könnten zusammen wohl eine ganze Bibliothek füllen. Gerade in den letzten Jahren ist das Interesse an den Geboten neu erwacht. Nachdem sie lange Zeit bloß als Zwang gesehen wurden, entdeckt die gegenwärtige Generation von Christen die befreiende Botschaft des Dekalogs neu.

Wozu aber eine weitere Schrift zu diesem Thema, wenn es doch ohnehin schon so viele gibt? Aus keinem anderen Grund als diesen: Jeder Mensch, jeder Christ, sollte sich seine eigenen Gedanken zu den Zehn Geboten machen, sich seinen eigenen Zugang zum Dekalog suchen und - so ist zu hoffen - auch finden. Aus der Fülle des Geschriebenen mögen Anregungen und Denkanstöße kommen, während umgekehrt die eigenen Überlegungen und Gedanken anderer Menschen zu weiterem Nachdenken helfen können. Auf diese Weise entsteht eine gegenseitige Befruchtung, durch die schließlich jeder seinen persönlichen Zugang zu Gottes Wort finden kann.

Dazu kommt noch ein weiterer Grund. Als evangelischer Christ, der sich dem Grundsatz des allgemeinen Priestertums aller Gläubigen verpflichtet fühlt, meine ich, dass nicht nur Theologen, sondern jeder Christenmensch sich mit Fragen des Glaubens befassen und seine Gedanken darüber anderen mitteilen soll. Das Christentum ist eine viel zu wichtige Angelegenheit, um es den Theologen zu überlassen!

Besonders wichtig aber ist das stete Gespräch über den Glauben, der Dialog zwischen Christen, unabhängig von ihrer Konfession. Daher wird im Folgenden ein solches Gespräch über einen der wichtigsten Gegenstände unseres Glaubens, die Zehn Gebote, wiedergegeben. Zwar hat das Gespräch in dieser Form niemals wirklich stattgefunden, ist also bloß fiktiv. Dennoch ist es keineswegs aus der Luft gegriffen, sondern stellt vielmehr den Versuch dar, Fragen, die sich im Zusammenhang mit den Geboten stellen, in Dialogform wiederzugeben. Dabei haben unzählige tatsächlich statt gefundene Gespräche über den Dekalog ebenso Eingang gefunden wie meine Reflexionen darüber und eigene Gedanken.

So liegen also hier zehn Gespräche zu den Zehn Geboten vor. Gespräche, wie sie zwischen Lehrer und Schüler, Vater und Sohn oder Tochter, zwischen Ehegatten, zwischen Freunden und sonstigen Menschen stattfinden können. Der eine wird als A, sein Gesprächspartner als B bezeichnet. Mögen sie sowohl zu eigenem Nachdenken als auch zu vielen wirklichen Gesprächen führen.

WO DEIN HERZ IST, IST DEIN GOTT
Das Erste Gebot

> *Ich bin der HERR, dein Gott, der ich dich aus Ägyptenland, aus der Knechtschaft, geführt habe. Du sollst keine anderen Götter haben neben mir.*

A.: Ich freue mich, dass du dich entschlossen hast, mit mir über die Zehn Gebote diskutieren. Lass uns also gleich mit dem Ersten Gebot beginnen. Du hast soeben seinen Wortlaut gehört und ich würde mich nicht wundern, wenn du da einige Fragen hättest.

B.: Natürlich. Schon beim Hören dieser Worte kam mir folgender Gedanke. Da sagt Gott zu dem Volk Israel: "Ich bin der HERR, dein Gott, du sollst keine anderen Götter haben neben mir."

Die Bibel vertritt doch den Glauben an einen einzigen Gott. Hier aber wird auch von anderen Göttern gesprochen. Zwar werden sie als Gegner des HERRN dargestellt. Doch allein die Tatsache, dass sie erwähnt werden, zeigt doch, dass ihre Existenz irgendwie anerkannt wird. Ist das nicht ein Widerspruch zum Monotheismus, für den es - wie gesagt - nur einen einzigen Gott gibt, wie passt das zusammen?

A.: Ich kann gut verstehen, dass dir das eigenartig vorkommt. Das erste Gebot verlangt die Unterwerfung unter den HERRN, den einen Gott. Daraus ziehen wir den Schluss , dass es für die Bibel eben nur den einen gibt Aber, siehe da, wenn wir uns den Wortlaut des Gebotes anschauen, kommen wir zu einem anderen Schluss, nämlich dem, dass es doch auch andere Götter geben könnte. Zumindest wird deren Existenz nicht ausdrücklich bestritten. Nur eines wird gefordert: ihnen nicht zu dienen.

Um das zu verstehen, muss man folgendes wissen. Die Bibel ist nicht ein in einem Zuge geschriebenes Buch. Auch ist es nicht so, dass Gott höchstpersönlich den Autoren der Bibel jeden Satz, ja jedes Wort, in die Feder diktiert hat. Ein solches fundamentalistisches Verständnis ist zum Verstehen der Bibel höchst ungeeignet. Die Bibel ist eigentlich nicht *ein* Buch, sondern eine Sammlung vieler Bücher und Schriften, die in sehr verschiedenen Zeiträumen entstanden sind. Wenn du bedenkst, dass zwischen dem Entstehen der ältesten Texte des Alten Testaments und der jüngsten Schrift des Neuen Testaments, der Offenbarung des Johannes, ein Zeitraum von rund tausend Jahren liegt, kannst du dir vorstellen, wie unterschiedlich auch die Ideen und Vorstellungen sein müssen, die da zu Ausdruck kommen. Auch wenn sich in der Antike die kulturellen, religiösen, gesellschaftlichen Verhältnisse nicht so rasch gewandelt haben wie in unserer Zeit, ist es doch klar, dass die kulturgeschichtlichen Verhältnisse, die sich in den verschiedenen Schriften der Bibel widerspiegeln, nicht dauernd gleich bleiben konnten.

B.: Das leuchtet mir durchaus ein. Aber was hat das mit dem Widerspruch zu tun, von dem wir gesprochen haben. Dass die Bibel zwar den Eingottglauben vertritt, hier aber von "Göttern" die Rede ist?

A.: Wahrscheinlich wird dein Erstaunen noch größer sein, wenn du erfährst, dass dies keineswegs die einzige Stelle in der Bibel ist, die von "Göttern", spricht. Da heißt es z.B. im 86. Psalm: *"HERR, es ist dir keiner gleich unter den Göttern"*. Auch hier entsteht der Eindruck, dass die Existenz anderer Götter durchaus anerkannt wird. Doch wie gesagt: die Bibel ist eine Sammlung von Schriften aus unterschiedlichen historischen Epochen und daher spiegeln diese auch die Entwicklung der menschlichen Religiosität wider. Auch die Gottesvorstellung der Bibel, wie wir sie kennen, also der Monotheismus, hat sich erst allmählich herausgebildet.

Ursprünglich waren die Israeliten durchaus von der Existenz verschiedener Götter überzeugt. Dies war für sie relativ leicht einzusehen, weil diese in der Regel nationale Gottheiten waren. Jedes Volk, jeder Stamm, ja jede Stadt hatte ihre eigene Gottheit, unter denen üblicherweise eine die Rolle der Hauptgottheit spielte. Für die eigenen Leute waren sie natürlich heilig, Angehörige anderer Völker gingen sie aber wenig an. So war es auch mit Jahwe, dem Gott der Bibel. Auch er war ursprünglich nur der Nationalgott Israels.

B.: Irgendwo habe ich gelesen, dass Jahwe ursprünglich eine Gottheit der Nomadenstämme der Sinaihalbinsel war.

A.: Er soll von den sinaitischen Nomaden als Gott des Windes verehrt worden sein. Da Mose nach dem Bericht des Buches Exodus längere Zeit auf Sinai lebte, ist die Vermutung geäußert worden, er habe diese Gottheit erst dort kennen gelernt und zu den Hebräern gebracht. Das ist aber keineswegs sicher.

Wie immer es auch gewesen sein mag, Tatsache ist, dass für die Israeliten die Existenz anderer Götter neben Jahwe anfangs nichts Ungewöhnliches war. Andere Völker hatten ihren Baal und ihre Astarte, ihren Amun oder Osiris, Israel hatte seinen eigenen Gott: Jahwe. Die anderen Götter gingen die Israeliten eben nichts an. Erst allmählich setzte sich die Auffassung durch, dass die anderen Götter gar nicht wirklich existierten und so gewann der Monotheismus schließlich die Oberhand. Den Göttern der anderen Völker wurde ihr Gottsein abgesprochen. Der Prophet Jeremia bezeichnete sie spöttisch als "Vogelscheuchen im Gurkenfeld".

So ging also die Entwicklung vom Glauben an mehrere Götter über den Glauben an einen Hauptgott neben anderen schließlich zum Glauben an einen einzigen Gott über. Das hebräische Wort für Gott "Elohim" spiegelt diese Entwicklung wieder. Grammatikalisch ist es nämlich ein Pluralwort, müsste daher streng genommen mit "Götter" übersetzt werden. Aber schon bald wurde dieses Wort als Einzahlwort empfunden, was dadurch zum Ausdruck kommt, dass die dazu gehörenden Zeitwörter stets in der Einzahl gebraucht werden. Sehr bald dachte beim Wort "Elohim" niemand mehr daran, dass das ursprünglich ein Pluralwort gewesen war.

_B.:_ Da stellt sich aber nun die Frage, wie sich die Gottesvorstellung der Bibel von den Gottesvorstellungen anderer, nichtbiblischer Religionen, z.B. der Inder, unterscheidet.

A.: Zunächst muss festgestellt werden, dass der Unterschied zwischen der Gottesvorstellung der Bibel und jener der nichtbiblischen Religionen nicht primär einer der Zahl ist. Den Unterschied darauf zu beschränken, dass die "Heiden" viele Götter verehren, die Bibel aber eben nur einen kennt, wäre sehr oberflächlich. Ein größeres Missverständnis könnte es gar nicht geben. Der Unterschied der Gottesvorstellung der Bibel und der anderer Religionen ist nicht einer der Zahl, sondern der Eigenschaften, genauer: des Wesens. Es ist also kein quantitativer, sondern ein qualitativer Unterschied.

Der jüdische Religionsphilosoph Pinchas Lapide hat einmal versucht, ihn so zu beschreiben: "Der "Heide" sieht Teile der Welt oder auch die ganze Welt als göttlich an, während der biblische Mensch die Welt als Ganzes ebenso wie ihre Teile als Schöpfung Gottes betrachtet. Anders ausgedrückt: der "Heide" sieht Gott _in_ der Welt, der biblische Mensch sieht Gott _durch_ die Welt. Der "Heide" identifiziert die Welt oder Teile von ihr mit Gott, während sich der biblische Mensch bewusst ist, dass zwischen Gott und Welt ein qualitativer Unterschied besteht, dass Gott und Welt also grundverschieden sind. Die geschaffene Welt steht dem

17

ungeschaffenen Gott gegenüber, die Schöpfung dem Schöpfer. Dies ist die Gottesvorstellung, die den drei monotheistischen Religionen, Judentum, Christentum und Islam, gemeinsam sind.

_B.:_ Wenn nun aber das Wesensmerkmal der biblischen Gottesvorstellung nicht eines der Zahl, sondern eines des Wesens ist, wie kam es dann zu der Herausbildung des Eingottglaubens? Wie kam es, dass die Menschen, die ursprünglich die Existenz anderer Götter anerkannten, obwohl sie sie gar nichts angingen, zu der Überzeugung kamen, dass es doch nur einen Gott gibt?

A.: Das war die notwendige Folge. Wer das Verhältnis zwischen Gott und Welt so sieht, wie das die Bibel tut, kann auf Dauer nicht beim Glauben an mehrere Götter stehen bleiben. Es kann nicht mehrere Absolutheiten geben, ungeschaffen, ewig kann letztlich nur ein Wesen sein. So musste der qualitative Unterschied schließlich auch zu einem quantitativen führen, zum Glauben an den einzigen Gott. Da es nur eine einzige göttliche Kraft gibt, gibt es auch nur einen einzigen Gott.

_B.:_ Können demnach Anhänger nichtbiblischer Religionen überhaupt je zu wahrer Gotteserkenntnis im biblischen Sinne gelangen? Ich denke etwa an die Inder, die ja an Tausende, manche sagen sogar: Millionen, Götter glauben.

A.: Hier sollte man differenzieren. Entscheidend ist, ob ich mir des Wesensunterschieds zwischen dem Schöpfer und den Geschöpfen bewusst bin. Wenn ich also stets daran denke, dass alles Geschaffene auf Gott hinweist, aber selbst nicht Gott ist, werde ich kaum Geschaffenes als Gottheit verehren. Denke an den Schluss des zweiten Teils von Goethes Faust, wo es heißt: "*Alles Vergängliche ist nur ein Gleichnis.*" Als glaubender Mensch lege ich diese Worte so aus: Alles Vergängliche, also jedes Geschöpf, erzählt auf eine - freilich unvollkommene Weise - vom Schöpfer. Jedes Geschöpf weist auf den Schöpfer hin, ist aber nicht mit ihm identisch.

Meines Erachtens können auch Anhänger nichtbiblischer Religionen durchaus zu dieser Erkenntnis gelangen. So lautet z.B. eine Weisheit des Zen-Buddhismus: "*Der Finger, der auf d*en *Mond zeigt, ist nicht selbst der Mond.*" Auf gleichnishafte Weise drückt dies aus, dass zwischen dem Zeichen und dem Bezeichneten ein Wesensunterschied besteht, und das kann auch auf die Beziehung zwischen Welt und Gott übertragen werden.

Oder nehmen wir den Hinduismus, den du ja selbst angesprochen hast. Da gibt es tatsächlich viele Gottheiten: Brahma, Vishnu, Shiva - die Hauptgottheiten der indischen Religion. Daneben aber auch andere , sowie die verschiedensten Inkarnationen Shivas , von denen die indischen Schriften, z.B. die Bhagavadgita, erzählen. Wie ein üppig wuchernder tropischer Urwald ist auch das indische Pantheon – also der Götterhimmel der Inder - von unzählig vielen Göttern, Göttinnen und Halbgottheiten bevölkert. Die Einstellung der Menschen zu ihnen ist aber sehr unterschiedlich. Die einfachen Gläubigen, vor allem die Landbevölkerung, verehrt sie wohl als eigene Gottheiten, wobei sie sich in der Regel eine als Hauptgott aussuchen. Die gebildeten Schichten hingegen sehen in den verschiedenen Göttern lediglich Verkörperungen des einen göttlichen Prinzips. Für sie spielen die Götter kaum eine größere Rolle als die Heiligen im römischen Katholizismus. Daher konnte z.b. Gandhi ohne Schwierigkeiten von Gott reden, anstatt von Göttern, obwohl er zeit seines Lebens gläubiger Hindu war.

B.: Dann wäre der Unterschied in den Gottesvorstellungen lediglich ein sprachlicher.

A.: Das wäre wahrscheinlich doch zu oberflächlich betrachtet. Denn so nahe der philosophierende Hindu der Vorstellung vom einen Gott auch kommen mag, es bleibt doch ein gravierender Unterschied.

B.: Und der wäre.

A.: In der Sprache kommt ja auch die ganze Denkweise zum Ausdruck. Dieses göttliche Prinzip der Hindus, von dem ich gesprochen habe, ist nämlich kein persönlicher Gott wie der der Bibel, sondern ein Neutrum. Das indische Wort "Brahman" – das ist es eigentlich, was die Hindus meinen, wenn sie von Gott reden - ist nämlich grammatikalisch gesehen sächlichen Geschlechts. Wir haben es hier also mit einem absoluten Neutrum zu tun. Bei einer solchen Gottesvorstellung liegt natürlich die Versuchung nahe, dieses Göttliche dann mit der Natur zu identifizieren, wodurch der Unterschied zwischen Schöpfer und Geschöpf letztlich doch wieder aufgehoben wird.

B.: Wird eine solche Gottesvorstellung nicht als Pantheismus bezeichnet?

A.: Richtig. Da der Pantheismus den Unterschied zwischen Schöpfer und Schöpfung letztlich doch aufhebt, steht er in Widerspruch zur biblischen Gottesvorstellung.
Freilich ist der Pantheismus keineswegs auf Indien beschränkt. Er hat auch in Europa Anhänger gefunden. Als erster hat ihn der Philosoph Baruch Spinoza ins Spiel gebracht, der von "Deus sive natura", d.h. "Gott bzw. die Natur" spricht. Er setzt also Gott und Natur gleich. Auch von Goethe oder Hölderlin wird immer wieder behauptet, sie seien Pantheisten gewesen, doch habe ich da meine

Zweifel. Ich glaube, dass sie eher einem Pan-en-theismus huldigten. Dieser geht nicht von einer Gleichsetzung der Schöpfung mit Gott aus, sondern meint eher, dass die ganze Schöpfung in Gott ("Pan en Theo" - alles in Gott) existiert.

_B.:_ Trotz deiner Einwände leuchtet mir der Pantheismus doch irgendwie ein. Wer glaubt denn heute wirklich noch, dass Gott eine Person ist. Die meisten Menschen, die heute sagen, dass sie an Gott glauben, stellen ihn sich doch eher so vor wie die gebildeten Hindus ihr Brahman. Also als eine von Ewigkeit her existierende absolute schöpferische Kraft. Ein persönlicher Gott erscheint doch den meisten Menschen heutzutage eher als Relikt des Mittelalters. Und ich muss gestehen, dass meines Erachtens da schon was dran ist.

A.: Dann bitte ich dich aber, folgendes zu bedenken: wie kannst du zu einer sächlichen, unpersönlichen Kraft eine Beziehung herstellen, also beten? Die Bibel, aber auch die anderen Religionen, stellen sich Gott als liebend vor. Ist aber Liebe nicht eine höchst personale Angelegenheit, wie sollte ein abstraktes Kraftfeld dazu fähig sein?

Gleichwohl verstehe ich deinen Einwand. Er scheint mir seine Berechtigung darin zu haben, dass die Menschen früherer Zeiten allzu anthropomorphe Gottesvorstellungen hatten. Anthropomorph heißt: sie haben sich Gott wie einen in die Ewigkeit versetzten, absoluten Menschen vorgestellt. Typisches Beispiel in der religiösen Kunst: die Darstellung Gottes als alter Mann mit dem langen, weißen Bart. Natürlich ist Gott nicht so. Aber nun kommt ja das Interessante. Die Bibel beschäftigt sich fast überhaupt nicht mit der Frage nach dem Wesen Gottes, sondern nahezu ausschließlich mit der Art und Weise, wie Gott mit der Welt, insbesondere dem Menschen, in Beziehung tritt. Die Menschen, die die Bibel verfasst haben, wussten genau, dass der Mensch nicht in der Lage ist, das Wesen Gottes zu erkennen. Was immer wir über Gott aussagen, kann Gott immer nur sehr vage beschreiben. Der große Theologe Karl Barth hat daher einmal gesagt: "_Über Gott können wir eigentlich gar nicht reden, sondern höchstens stammeln._" Die Bibel beschäftigt sich also kaum mit dem Wesen Gottes, aber dauernd mit der Beziehung zwischen Gott und Mensch. Und diese ist eine höchst persönliche.

Auch ich glaube, dass wir uns Gott nicht wie eine menschliche Person vorstellen dürfen. Aber weshalb sollte Er sich uns Menschen nicht wie eine Person offenbaren? Zwischen zwei Menschen hat eine Beziehung dann die höchste Qualität, wenn sie zutiefst persönlich- oder anders ausgedrückt: personal - ist. Wenn zwei Menschen einander nicht nur als Träger bestimmter Funktionen, sondern eben als Personen begegnen, als je einmalig und unverwechselbar. Warum sollte im Verhältnis zwischen Gott und Mensch weniger gelten, als das, was zwischen Menschen gilt? Warum sollte die Beziehung zwischen Gott und Mensch von geringerer Qualität sein, als die Beziehung zwischen Menschen? Ob Gott ein persönlicher ist oder nicht, weiß ich nicht, kann ich auch nicht wissen. Aber ist das so wichtig? Entscheidend ist, dass sich dieser Gott mir in einer persönlichen Beziehung offenbart.

Schließlich möchte ich noch den Philosophen Arthur Schopenhauer zitieren, der den Pantheismus als eine "*höfliche Form des Atheismus*" bezeichnet. Und er scheint mir Recht zu haben. Wo die Grenze zwischen Gott und Welt verschwindet, bleibt von Gott nichts mehr übrig. Wo alles zum Gott wird, wird Gott zum Nichts.

_B.:_ Stichwort Atheismus. Mir scheint, dass dies das große Problem unserer Zeit ist. Die meisten Menschen, mit denen ich über Gott zu reden versuche, zeigen wenig bis gar kein Interesse daran. Als Atheisten bezeichnen sich zwar nur wenige, aber ich habe den Eindruck, dass ihnen die Frage, ob nun Gott existiert oder nicht, schlicht und ergreifend egal ist.

_A.:_ So schaut es tatsächlich aus. Allerdings sollten wir auch hier differenzieren. Es gibt nämlich verschiedene Arten von Atheismus, oder besser ausgedrückt: verschiedene Gründe, weshalb ein Mensch Atheist wird.

Da gibt es Menschen, die folgendermaßen argumentieren: "Jahrhunderte lang hat die Kirche Gott gleichsam als eine überhöhte Form irdischer Autorität dargestellt. Gott wurde als Rechtfertigung jeder Form von Herrschaft, Ausbeutung und Unterdrückung benützt. Haben sich die gekrönten Häupter nicht stets als Kaiser, Könige, Fürsten von Gottes Gnaden bezeichnet? Hat die Kirche nicht bis weit in die Neuzeit hinein ihre Aufgabe vor allem darin gesehen, die bestehenden Herrschaftsverhältnisse zu legitimieren? Daher kann ich an Gott nicht glauben."

Es ist dies ein ernst zu nehmender Einwand. Tatsächlich haben die christlichen Kirchen lange Zeit den Herrschenden die Stange gehalten. Man hat von einer Allianz zwischen Thron und Altar gesprochen. Das hat dazu geführt, dass die meisten Befreiungsbewegungen der jüngeren Geschichte sich zumeist gegen die Kirche durchsetzen mussten. Besonders gilt dies für die Arbeiterbewegung des 19. Jahrhunderts. Es ist eine Schande, dass die christlichen Kirchen die Not der Arbeiter so lange einfach nicht wahrnehmen wollten - von wenigen löblichen Ausnahmen abgesehen.

Dann gibt es noch eine Form des Atheismus, die eine Art von Protest gegen das Leid und Unrecht in dieser Welt ist. Viele Menschen sagen: "Wenn ich all das Leid in der Welt sehe, die unschuldigen Kinder, die in der so genannten Dritten Welt verhungern, die Opfer der schrecklichen Kriege, dann kann ich einfach nicht an Gott glauben. Denn wie kann Gott so viel Leid zulassen?" Dies ist eine Form von Atheismus, vor der ich höchsten

Respekt habe, ich würde ihn als ethisch motivierten Atheismus bezeichnen. Meiner Meinung nach steckt in ihm eine unbewusste Suche nach Gott.

_B.:_ Aber diesen Atheismus meine ich nicht. Vielmehr denke ich an Gottesverdrängung. Wo also ein Mensch sagt: "Mir ist Gott herzlich Wurscht." Wo überhaupt kein Platz mehr für Gott ist, nicht einmal mehr als Objekt der Ablehnung. Dieser Atheismus scheint mir doch das Phänomen unserer Zeit zu sein.

A.: Da hast du sicher Recht. Allerdings glaub ich nicht, dass es auch nur _einen_ wirklichen Atheisten gibt. Das heißt: ich kann mir nicht vorstellen, dass es einen Menschen gibt, der keinen Gott hat. Die Frage ist freilich, welchen Gott er verehrt.
Friedrich Schleiermacher, ein Theologe des frühen 19. Jahrhunderts, der als "Vater" der so genannten liberalen Theologie gilt, hat gesagt: " _Das allen religiösen Menschen gemeinsame Wesensmerkmal ist das Bewusstsein der schlechthinnigen Abhängigkeit._"[3] Schleiermacher meint damit folgendes: jeder religiöse Mensch - egal welcher Konfession - ist sich bewusst, von einer höheren Macht existentiell abhängig zu sein. In der Tiefe des Herzens weiß das eigentlich jeder Mensch. Denn niemand hat sich selbst sein Leben gegeben, sondern jeder Mensch verdankt sein Leben einer höheren Macht, die wir Christen Gott nennen.
Gegen dieses Wissen der existentiellen Abhängigkeit wehrt sich aber der Mensch, und zwar jeder Mensch. Manche wehren sich bewusst dagegen, wollen ihre Abhängigkeit von jener größeren Macht nicht wahrhaben. Sie sehen darin einen Anschlag auf ihre Autonomie, auf ihre Freiheit, auf ihr Streben nach Selbstbestimmung. Diese Abhängigkeit kann umso leichter geleugnet und verdrängt werden, als die höhere Macht ja unsichtbar ist, weder gesehen, noch wissenschaftlich bewiesen werden kann.

_B.:_ Der eigentliche Atheismus, so wie du ihn jetzt dargestellt hast, ist demnach ein großes, existentielles Nein. Mir scheint, du hast tatsächlich recht, wenn du sagst, dass in jedem Menschen dieses existentielle Nein steckt. Auch ich habe es schon gespürt. Gleichzeitig muss ich aber auch sagen, dass mir dieses existentielle Nein auch Angst macht. Denn, was ich dabei spüre, ist ja nicht ein Gefühl der Autonomie, der Freiheit, sondern eines der Leere, einer sehr großen Leere sogar.

---

[3] Friedrich Schleiermacher: „Über die Religion". Stuttgart 1985, S. 28

A.: Eben diese Leere empfindet jeder Mensch, der dieses große existentielle Nein bewusst ausspricht. Diese Leere ist aber unerträglich und daher versucht der Mensch, sie zu füllen. Da aber Gott für ihn nicht in Frage kommt, nimmt er irgendetwas aus der geschaffenen Welt und setzt es in diese Leerstelle ein. Bedenke: diese Leerstelle ist eigentlich Gottes Platz im Leben des Menschen, doch nun nimmt irgend etwas anderes diesen Platz ein und der Mensch macht dieses Andere nun zu seinem Gott. Dieses Andere kann gar vieles sein: Reichtum, Macht, Sex, Erfolg, aber auch Vaterland, Nation, Rasse, Partei und vieles andere mehr. Dabei meint der Mensch, der ein solches Phänomen aus der geschaffenen Welt zu seinem Gott gemacht hat, er habe - im Unterschied zu dem religiösen Menschen - sich frei eine Gottheit gewählt.

B.: "Du sollst keine anderen Götter haben neben mir!" So können also alle möglichen Dinge zum Gott werden, wenn ein Mensch ihnen eine so große Bedeutung beimisst, dass er seine Existenz daran festmacht.

A.: Luther sagt: *"Woran du dein Herz hängst, das ist in Wahrheit dein Gott."* Mit dem Wort Herz ist dabei nicht das Organ gemeint, sondern die Mitte unserer Persönlichkeit, jener Ort in uns, an dem wir spüren, ob uns eine Sache unbedingt angeht oder nicht. Da jeder Mensch irgendeine Basis, aber auch ein Ziel für sein Leben braucht, muss er hier in diese oben erwähnte Leerstelle etwas einsetzen.

Freilich darf dieser Satz Luthers nicht so verstanden werden, als ob es gleichgültig wäre, was ich zu meinem Gott mache. Vielmehr habe ich die Wahl zwischen dem lebendigen Gott oder einem Abgott, einem Götzen. Ein Götze aber ist nicht wirklich Gott, sondern erscheint nur so.

B.: Was sind aber die Wesensmerkmale eines Götzen?

A.: Der Götze versklavt und tötet. Welchen Götzen du dir auch aussuchst, er wird dich bestimmt zu seinem Sklaven machen. Freilich sieht man das einem Götzen nicht sofort an. Anfangs macht er sogar einen äußerst verlockenden Eindruck. Nehmen wir als Beispiel einen typischen Götzen unserer Zeit, den Erfolg.

Erfolg ist ein Wesensmerkmal unserer Epoche. Überall wird der erfolgreiche Mensch als gesellschaftlich wünschenswertes Ideal dargestellt. Insbesondere Männer müssen stets erfolgreich sein. Das beginnt bereits in der Schule und setzt sich im späteren Leben fort. Ein Mann, der nicht erfolgreich ist, ist ein "Versager", ein „Loser" ein Negativtyp also. Der Erfolgreiche hingegen hat alles: Geld, Frauen, einen schnellen Wagen, hohes soziales Prestige und noch manch anderes mehr. Wem würde das nicht gefallen?

Doch das dicke Ende kommt so gewiss wie das Amen im Gebet. Das Streben nach Erfolg führt nämlich sehr rasch zu einem Zwang, aus dem nur schwer herauszukommen ist. Es ist kein Zufall, dass wir vom *Leistungsdruck,* vom *Erfolgszwang* reden. Um erfolgreich zu sein, werden unendlich viele Opfer gebracht. Die Gesundheit wird geopfert, aber auch soziale Bindungen, Freundschaften, Beziehungen, die Familie, die Ehe. Der Weg nach oben ist oft mit Leichen gepflastert, und das muss keineswegs immer nur bildlich gemeint sein.

_B.:_   Du zeichnest da ja ein wahres Schreckensszenario. Nun hast du sicher Recht, wenn du sagst, dass viele Menschen bereit sind, dem Erfolg alles zu opfern. Andrerseits muss ich doch fragen: darf ein gläubiger Mensch nicht nach Erfolg streben, nur um er nicht Gefahr zu laufen, dass er so den Erfolg zum Götzen zu macht?

A.:   Keineswegs. Natürlich strebt auch der glaubende Mensch nach Erfolg und wenn er sich einstellt, wird er sich freuen. Die Frage ist ja immer: welchen Stellenwert messe ich dem Erfolg in meinem Leben bei. Weise ich ihm eine dienende Rolle in meinem Lebensgefüge zu, ist nichts dagegen einzuwenden. Verabsolutiere ich ihn hingegen und ordne dem Streben nach Erfolg alles andere unter, dann wird er zum Götzen. Und ein Götze bringt am Ende doch nichts Anderes als nur Abhängigkeit und Tod.

_B.:_   Demnach bringt der Gott der Bibel, der ja die Alternative zum Götzen ist, Freiheit und Leben, wenn ich das, was du bisher gesagt hast, richtig verstanden habe.

A.:   So ist es in der Tat. Aber auch hier ist es ähnlich wie beim Götzen, eben nur mit umgekehrten Vorzeichen. So wie du einem Götzen nicht sofort ansiehst, dass er dich am Ende umbringt, weil er anfangs recht verlockend aussieht, so merkst du dem Gott der Bibel nicht sogleich an, dass Er Leben und Freiheit bringt. Im Gegenteil: zunächst scheint Er ja Unfreiheit zu bringen, weil Er Forderungen an dich stellt. Zunächst hält uns Gott Sein "Du sollst" vor die Nase.

Leider haben viele Christen aus einem völlig falschen Verständnis von Gnade heraus sich gegen diesen fordernden Gott aufgelehnt. Sie meinten, schnurstracks zum ausschließlich barmherzigen Gott übergehen zu können. Wie sehr dieses Gottesverständnis in unser Leben eingedrungen ist, zeigt unsere Sprache. Meistens, vor allem gegenüber Kindern, sprechen wir immer nur vom "lieben Gott". Doch den "lieben" Gott, der wie ein gütiger Opa seinen ungezogenen Enkelkindern jeden Streich nachsieht, suchen wir in der Bibel vergeblich.

_B.:_   Du hast natürlich Recht, wenn du sagst, dass wir den fordernden Gott gar nicht gerne haben. Vielleicht liegt das aber auch daran, dass viele Jahrhunderte hindurch mit Ihm Missbrauch getrieben wurde. Allzu lange hat man doch Gott ausschließlich als den strafenden und strengen dargestellt, der die Guten belohnt und die Bösen bestraft. Dabei wissen wir doch alle, dass eigentlich niemand wirklich in der Lage ist, Gottes Forderungen voll und ganz zu erfüllen.

_A.:_   Eben das ist auch der Punkt, wo die Gnade ins Spiel kommt. Es wäre ja tatsächlich schrecklich, wenn Gott ausschließlich ein fordernder wäre und nicht zugleich barmherzig. Wir   Christen glauben aber, dass die Gnade Gottes endgültiges Wort ist. Das ändert aber nichts daran, dass Er Forderungen an uns stellt. Aus Angst, der Hinweis auf diesen fordernden Gott, könnte die Menschen verschrecken, neigen viele Pfarrer/innen heute dazu immer nur Halbsätze auszusprechen. Wie z.B. den: „Gott liebt dich, so wie du bist." Ja, das tut Er ganz gewiss. Aber es muss noch etwas hinzugefügt werden: „Weil Gott dich liebt so wie du bist, traut Er dir zu, nicht so zu bleiben, wie du bist". Er stellt also Anforderungen an mich.

Ich würde sogar sagen: Wenn Gott überhaupt keine Forderungen stellen würde, könnte ich mit Ihm gar nichts anfangen. Ich will dir das so erklären. Stell dir vor, dein Vater hätte keinerlei Forderungen an dich gestellt, keinerlei Erwartungen in dich gesetzt .Einige Zeit wäre das vielleicht ganz angenehm. Aber irgendwann hättest du dich gefragt: Nimmt mein Vater mich denn überhaupt ernst? Traut er mir denn gar nichts zu? Ebenso ist es mit Gott. Dass Gott Forderungen an uns Menschen stellt, zeigt ja, dass Er uns etwas zutraut. Er hält uns für fähig, Seine Forderungen ernst zu nehmen, Er betrachtet uns als Seine Partner.

Eines aber ist klar: Würde Gott uns in letzter Instanz nach unseren Leistungen beurteilen, also danach, inwieweit wir Seinen Forderungen entsprechen, wären wir wohl alle verloren. Dann wäre Er wirklich ein grausamer Gott. Aber das tut Er ja nicht, weder nach der Überlieferung des Alten Testaments, noch nach den Worten Jesu. Er will doch nur, dass wir Sein Wort, Seine Forderungen ernst nehmen, dass wir uns aufrichtig bemühen, sie zu erfüllen. Gott nimmt gleichsam die gute Absicht für die vollbrachte Tat. Alles hängt von meiner inneren Einstellung ab. Bemühe ich mich aufrichtig, Gottes Forderungen zu erfüllen, schaffe es aber wegen meiner menschlichen Unvollkommenheit nicht, so darf ich hoffen, dass Gott auf meine ehrliche Absicht, auf meinen guten Willen schaut.

_B.:_   Das ist eine befreiende Aussage. Allerdings bleibt noch eine Frage. Warum stellt Gott uns eigentlich vor die Wahl, uns entweder für Ihn oder für einen Abgott zu entscheiden, wenn doch schon im Voraus klar ist, dass eine Wahl für einen Götzen nur scheitern kann. Das erinnert mich an die Wahlfreiheit, wie sie in den ehemaligen kommunistischen Staaten existierte. Da konnte man auch nur zwischen rot und rot wählen. Von Wahlfreiheit kann aber nur dann gesprochen werden, wenn es eine echte Alternative gibt.

A.: Diesen Einwand verstehe ich nur zu gut. Aber der Grund liegt darin, dass Gott uns Menschen nach Seinem Bilde geschaffen hat, mit Geist und Vernunft begabt, zu Liebe und Willensfreiheit fähig. Wir sind Gottes Ebenbilder! Wir sollen nicht wie die Tiere aus Trieb und Instinkt handeln, sondern aufgrund bewusster Entscheidungen. Auch für Gott sollen wir uns bewusst entscheiden.

Früher habe ich Schleiermacher zitiert, der gemeint hat, das allen religiösen Menschen gemeinsame Wesensmerkmal sei das Bewusstsein der "schlechthinnigen Abhängigkeit". Doch für den Christenmenschen geht es weit über die Abhängigkeit hinaus. Der Christ weiß sich von Gott nicht nur abhängig, sondern auch beschenk und getragen. Das Leben haben wir nicht aus uns selbst heraus. Für den Nichtglaubenden ist das ein Rätsel. Sartre und die Existentialisten sagen: Der Mensch ist in die Welt geworfen. Da sie nicht an Gott glauben, können sie das Leben eigentlich nicht als etwas Positives ansehen. Der Christ hingegen weiß, dass ihm sein Leben von Gott geschenkt ist, dass es eine Gabe Gottes ist. Und diese Gabe kann er voller Dankbarkeit annehmen, es kann ihm Freude bereiten, Gottes Geschöpf zu sein. Was er von Gott geschenkt bekommen hat: Leben, Freude, Freiheit, Würde - wird er nun gerne anderen Menschen weiterschenken.

B.: So lässt sich die Quintessenz des Ersten Gebotes eigentlich in einem Satz zusammengefasst so ausdrücken. *Entweder Gott oder die Götzen.* Es liegt an uns, zu wählen.

A.: Genau so ist es. Mehr ist dazu nicht zu sagen. Entweder der lebendige Gott, der Leben schenkt, oder ein lebloser Götze, der in das Nichts führt.

SCHEIN UND SEIN
Das Zweite Gebot

> *"Du sollst dir kein Bildnis noch irgendein Gleichnis machen, weder von dem, was oben im Himmel, noch von dem, was unten auf Erden, noch von dem, was im Wasser unter der Erde ist:*
> *Bete sie nicht an und diene ihnen nicht! Denn ich, der HERR, dein Gott, bin ein eifernder Gott, der die Missetat der Väter heimsucht bis ins dritte und vierte Glied an den Kindern derer, die mich hassen, aber Barmherzigkeit erweist an vielen Tausenden, die mich lieben und meine Gebote halten."*

B.: Irgendwie kann ich mich mit diesem Gebot nicht anfreunden und zwar gleich aus zwei Gründen. Einmal wegen der Verfluchung am Ende des Gebotes, wo es heißt, Gott werde die Missetat der Väter bis in die dritte und vierte Generation heimsuchen. Das ist doch höchst ungerecht, denn warum müssen Kinder für die Verfehlungen ihrer Eltern oder gar Großeltern leiden.

Der andere Grund besteht im Verbot, Bilder herzustellen. Ich selbst verstehe mich zwar nicht besonders aufs Zeichnen und Malen, bin aber ein großer Bewunderer der Kunstwerke, wie sie z.B. Raffael, Tizian, Caravaggio, Rembrandt und andere. geschaffen haben. Soll das alles verboten sein, Ausdruck von Sündhaftigkeit? Will uns die Bibel, zur höheren Ehre Gottes, zu Kunstbanausen machen?

A.: Ganz bestimmt nicht. Doch ich kann durchaus verstehen, dass du dir mit diesem Gebot schwer tust. Auch ich habe lange gebraucht, ehe ich seinen Sinn erfasste. Außerdem befinden wir uns da durchaus in guter Gesellschaft. Wie schwer sich die Christenheit mit diesem Gebot tat und dass sie es de facto ignorierte, erkennst du an der sakralen Kunst des Abendlandes. Vor allem die orthodoxen Kirchen des Ostens mit ihrer großartigen Ikonenkunst haben sich über das Bilderverbot hinweggesetzt. Aber auch der Katholizismus. Selbst Luther mochte damit nichts rechtes anfangen und deshalb suchen wir es in seinem kleinen Katechismus vergeblich. Zwar bekämpfte er die Auswüchse des Bilderkultes, aber ganz lehnte er die Bilder nicht ab. Lediglich Calvin und seine Reformation nimmt das Zweite Gebot völlig ernst und daher gibt es in kalvinistischen Kirchen keine Bilder, ja nicht einmal ein Kreuz. Allerdings gibt es auch unter den Kalvinisten großzügigere Strömungen. Sogar das Judentum hat, wenngleich in sehr geringem Umfang, eine bildende Kunst entwickelt. Völlig bildlos ist dafür der Islam.

B.: Da würde ich nun gerne wissen, wie es zu diesem Bilderverbot kam. Soweit ich weiß, steht Israel damit ziemlich allein da in der Religions- und Kulturgeschichte der Menschheit. Bei den anderen Völkern sind ja gerade die Tempel ein Hort der Kunst. Weshalb bildet Israel da eine Ausnahme?

A.: Diese Frage drängt sich natürlich auf. Nun muss aber festgestellt werden, dass es ursprünglich auch bei den Israeliten Gottesbilder gab und zwar nicht nur das berühmte Goldene Kalb, von dem uns das Buch Exodus berichtet. Wahrscheinlich gab es anfangs durchaus Jahwe-Bilder - einige Passagen des AT weisen darauf hin - und es hat den Anschein, als wäre Israel damit ganz gut zu Rande gekommen. Wieso in der Folge dennoch das Bilderverbot kam, ist schwer zu sagen. Ich habe mir da meine eigene Erklärung zu recht gelegt, die aber nicht wissenschaftlich beweisbar ist. Dennoch scheint sie mir plausibel. Außerdem haben wir es ja mit dem Glauben zu tun, und da kommen wir mit Wissenschaft ohnehin nicht ans Ziel.

B.: Und wie sieht deine Erklärung aus?

A.: Zunächst eine Feststellung: Die "Heiden", die von ihren Göttern Bilder und Statuen anfertigten, wussten natürlich sehr gut, dass das Bild keineswegs identisch ist mit den Göttern. Sie waren ein Zeichen, ein Hinweis auf den Gott, nicht aber die Gottheit selbst. Jedoch glaubten sie, dass das Bild die Gottheit repräsentiert, sie sozusagen in diese Welt hereinbringt. Sie mögen ungefähr so gedacht haben: wo das Bildnis eines Gottes ist, kann der Gott selbst auch nicht mehr weit sein. Das Bild war also gleichsam ein Garant für die Anwesenheit des Gottes.

Darin lag aber auch die Gefahr. Sie bestand darin, sich auf dieses Bild zu verlassen. Zu meinen: uns kann nichts passieren, wir haben ja dieses Bild, diese Statue. Von diesem Sich-Verlassen, diesem Vertrauen auf einen letztlich leblosen Gegenstand, ist es nur mehr ein kleiner Schritt dahin, dass der Mensch Gott in seine Gewalt bekommen möchte. Er sagt sich: Ich habe dein Bild und verehre es, daher darfst du mich nicht verlassen.

Die Israeliten, die ursprünglich ein Nomadenvolk waren, konnten natürlich keine Statuen ihres Gottes anfertigen, sehr wohl aber kleine, handliche Statuetten, die man bequem auf den Wanderungen mitnehmen konnte. Da man diese in die Hand nehmen konnte, wurde das In-den-Griff-Bekommen des Gottes gleichsam sinnlich erfahrbar und gerade deshalb zur großen Versuchung. Da sie nun dieses Gebot hatten, waren sie weniger als andere Völker gefährdet, geschaffene Dinge zu vergöttlichen.

28

B.: Aber könnte man dieses Bilderverbot nicht als Fortführung des Ersten Gebotes betrachten. Dieses läuft ja darauf hinaus, dass sich der Mensch zwischen den Götzen und Gott entscheiden soll. Das Bilderverbot erscheint mir dann lediglich als Interpretation dieses Ersten Gebotes.

A.: Das ist sicher ein guter Gedanke und es gibt Theologen, die das auch so sehen. Dennoch meine ich, dass es gute Gründe gibt, das Bilderverbot als eigenständiges Gebot zu betrachten. Ich meine sogar, dass gerade unsere Zeit dieses Gebot wieder verstärkt beachten sollte.

B.: Sehr interessant. Bisher war ich der Meinung, das Bilderverbot hätte für uns heute keine Aktualität mehr. Und nun sagst du, gerade für uns sei es besonders wichtig.

A.: Beim aufmerksamen Lesen des Textes wirst du merken, dass nicht nur die Herstellung von Bildern verboten ist, sondern dass vor allem davor gewarnt wird, sie anzubeten. Da die bildende Kunst im Altertum größtenteils sakrale Kunst war, war es nur natürlich, dass Bilder sehr bald angebetet wurden. Sich ein Bild machen und ein Bild anbeten, war also fast ein und dasselbe.

B.: Das kann ich durchaus nachvollziehen, aber wo ist die Aktualität für unsere Zeit? Früher mögen die Menschen ja tatsächlich Bilder angebetet haben, aber wer tut das denn heute noch?

A.: Aber was heißt denn das: anbeten? Im Grund nichts Anderes, als einer Sache göttliche Qualität zuzusprechen, sie absolut zu setzen. Und tun wir das nicht auch heute? Du erinnerst dich an unser Gespräch über das Erste Gebot. Damals haben wir festgestellt, wie viele Dinge vergöttert, also absolut gesetzt werden: Erfolg, Macht, Nation, Staaten, Sex, Genuss, die Liste ist keineswegs vollständig.

Nun muss ich dich bitten, den Begriff Bild etwas umfassender zu sehen. Ein Bild ist etwas zum Anschauen, etwas, das Inneres äußerlich sichtbar macht. Nun spielen aber Äußerlichkeiten im Leben des Menschen eine wichtige Rolle. Im Gegensatz zu den meisten anderen Lebewesen ist bei uns Menschen der Sehsinn der wichtigste. Wir orientieren uns hauptsächlich mit Hilfe unserer Augen, weshalb ja auch der Verlust des Sehsinnes als besonders tragisch empfunden wird. Zumeist tragischer als der Verlust des Gehörsinns. Nicht zufällig bedauern wir einen Blinden mehr als einen Tauben und halten ihn für hilfloser als letzteren. Und weil wir Menschen so sehr aufs Sehen angewiesen sind, möchten wir gerne möglichst alles sichtbar machen. Die Gefahr dabei ist jedoch, dass wir nur mehr das als wirklich betrachten, was wir sehen können.

B.:   So gesehen ist die Warnung vor der Verabsolutierung des Bildes durchaus wichtig. Aber heute doch bestimmt nicht wichtiger als in früheren Epochen.

A.: Ich meine schon. Denn durch die Entwicklung von Film, Video und Fernsehen spielen heute gerade Äußerlichkeiten eine immer größere Rolle. Der Sinn für das, was unsichtbar ist, auch für nicht sichtbare Werte scheint immer mehr abhanden zu kommen. So kommt z.b. im Fernsehen der am besten an, der sich am besten darzustellen vermag, der also den besten äußerlichen Eindruck macht. Der jugendliche, sportliche, modisch gestylte Typ - das ist der Liebling des Publikums. Wenn z.B. Politiker miteinander im Fernsehen diskutieren, werden sie eher danach beurteilt, **wie** sie etwas sagen, als nach dem, **was** sie sagen. Sie werden also immer mehr nach Äußerlichkeiten beurteilt.

B.: Der Sinn des Bilderverbots könnte demnach so ausgedrückt werden: Miss Äußerlichkeiten keinen zu großen Wert bei, denn das Wesentliche ist unsichtbar.

A.: Sehr richtig, das Wesentliche, also das, worauf es letztlich ankommt, ist unsichtbar. Es kann in kein Bild gefasst werden. Mehr noch: wir können es überhaupt nicht in den Griff bekommen, auch nicht durch Berechnung oder wissenschaftliche Methoden.

B.: Heißt das, dass die sichtbare Welt im Grunde nur trügerischer Schein ist?

A.: Keineswegs. Eine solche Schlussfolgerung wäre höchst unbiblisch. So denken die indischen Religionen, der Hinduismus und der Buddhismus. Die meinen nämlich, dass die sichtbare Welt, in der wir leben, lediglich Täuschung, Illusion sei. Sie nennen es Maya. Die ganze Welt ist ihrer Meinung nach nur Maya, also eigentlich unwirklich. Was hat das aber für Folgen? Wenn die Welt tatsächlich nur Maya ist, dann sind nicht nur die schönen Seiten des Lebens - Glück, Freude, Friede -Täuschung, sondern auch die negativen: Unglück, Leid, Elend, Armut, Ausbeutung. Daher braucht man dagegen auch nichts zu tun, denn es ist ja nur Schein. Ich möchte nicht verschweigen, dass es im Buddhismus durchaus Strömungen gibt, die diese Auffassung ablehnen. Aber insgesamt stehen die östlichen Religionen menschlichem Leid erschreckend gleichgültig gegenüber
Im Gegensatz dazu will uns die Bibel folgende Botschaft vermitteln; die ganze Welt, in der wir leben und die wir sehen und

sinnlich wahrnehmen können, ist tatsächlich Wirklichkeit. Mehr noch - sie ist von Gott gewollte Wirklichkeit, denn er hat sie ja geschaffen. Aber - und das ist wichtig - sie ist nicht die ganze Wirklichkeit. Es gibt eine Realität, die das, was wir sinnlich wahrnehmen oder auch rational begreifen können, übersteigt. Wer dies einmal verinnerlicht hat, wird sich nicht länger an das Sichtbare klammern und es für die einzige Realität halten. Er wird dies auch in der Beziehung zu seinen Mitmenschen nicht tun. Denn auch diese sind in Wirklichkeit ja oft anders als sie äußerlich zu sein scheinen.

B.: Jetzt begreife ich langsam, was das heißt: "sich von jemandem ein Bild" machen. Das kann unter Umständen ziemlich versklavend sein, denn der andere Mensch soll ja diesem Bild entsprechen. So wird einem eine ganz bestimmte Rolle aufgezwungen, die der/die andere nicht spielen möchte.

A.: Du siehst also, dass das Bilderverbot keineswegs etwas Altertümliches, sondern wirklich höchst aktuell ist. Es gilt nicht nur in Beziehung zu Gott, sondern auch für den Mitmenschen. Lege ich diesen auf ein bestimmtes Bild fest, beraube ich ihn seiner Entwicklungsmöglichkeiten. Nun weiß ich aber, dass wir uns ganz ohne Bilder nicht orientieren können. Auch von unseren Mitmenschen machen wir uns immer wieder Bilder. Entscheidend ist nur, dass wir uns darüber im Klaren sind, dass unser Bild niemals dem Menschen in seiner Ganzheit entspricht, sowie dass wir immer bereit sind, unser Bild zu korrigieren.

B.: So gesehen, hat das Bilderverbot eine sehr befreiende Dimension.

A.: So ist es. Wenn ich vorher die Nomadenexistenz Israels als Grund für das Entstehen des Bilderverbot erwähnte, so möchte ich nun einen weiteren, wie mir scheint noch wichtigeren hinzufügen.
Israel gründet sich als Volk und Glaubensgemeinschaft auf das Exoduserlebnis. Mit der Befreiung aus der ägyptischen Sklaverei beginnen die verschiedenen hebräischen Stämme sich als eigene, unverwechselbare Einheit zu fühlen. Für Israel war klar: diese Befreiung haben wir dem Wirken Gottes zu verdanken. Wir haben eingangs schon festgestellt, dass diese Befreiungstat Gottes gleichsam **das** Thema des Dekalogs ist, das Motto, unter dem die Zehn Gebote stehen. Das bedeutet aber weiter, dass jedes einzelne Gebot sich sozusagen folgerichtig aus dieser Befreiungstat ergibt. Wenn wir moderne Menschen oft meinen, die Gebote würden uns in unserer Freiheit einschränken, so beweist eine genaue Betrachtung das genaue Gegenteil. Gott, der Befreier - das ist der rote Faden, der sich durch die ganze Bibel hindurch zieht.

B.: Ich kann mir schon vorstellen, worauf du hinaus willst. Wahrscheinlich willst du sagen: das Erlebnis der Befreiung kann nicht bildlich dargestellt werden. Es kann nur als mündliche und schriftliche Erzählung, also als Geschichte weitergegeben werden. Daher das Bilderverbot, daher aber auch die große Bedeutung des Wortes, also der Erzählung in der Heiligen Schrift.

So weit habe ich kein Problem. Sehr wohl aber habe ich eines mit den Fluchworten am Ende dieses Gebotes, wo es heißt, Gott werde die Missetaten der Eltern heimsuchen bis ins dritte und vierte Glied. Also das lässt mir keine Ruhe. Ich frage mich: ist das gerecht, dass die Kinder für die Verfehlungen der Eltern leiden? Vor allem aber: Wie passt das zu der Vorstellung von einem liebenden Gott?

A.: Ich verstehe deinen Einwand sehr gut. Zwar könnte man dieser Aussage ein wenig von ihrer Schärfe nehmen, indem wir die weiteren Worte zitieren, wo es heißt: "Aber Barmherzigkeit erweist an vielen Tausenden, die mich lieben und meine Gebote halten." Das wäre aber nur ein schwacher Trost.

Unser Problem mit dieser Aussage ist in unserem Menschenbild begründet. Dieses ist heute höchst individualistisch, was bis zu einem gewissen Grad durchaus in Ordnung ist. Bedenklich ist allerdings, dass sich heute weitgehend die Auffassung durchgesetzt hat, dass der einzelne Mensch unabhängig von sozialen, familiären und anderen Bindungen existiert. Dass jeder Mensch sozusagen von Null anfängt, gleichsam nach dem Motto: Was gehen mich die Fehler meiner Eltern und Großeltern an. Das ist aber ein großer Irrtum. Denn was in diesem Text der Bibel so schrecklich und grausam klingt, bestätigt das Leben immer wieder. Das Handeln der Vorfahren hat nun einmal Auswirkungen auf das Leben der Kinder und Kindeskinder. Haben sich die Eltern in irgendeiner Form schuldig gemacht, wirkt sich das auf die Kinder aus - ob ihnen das nun gefällt oder nicht.

Nimm als Beispiel die Geschichte des sogen. 3. Reiches. Lasten die Verbrechen des Nationalsozialismus nicht noch immer auf den Menschen unserer Zeit, auf dir und mir, die wir diese schreckliche Zeit nicht erlebt haben und daher persönlich unschuldig sind? Fahr einmal in eines der Länder, die unter der nazistischen Besatzung besonders zu leiden hatten – z.B. nach Russland oder Polen - du wirst auf Schritt und Tritt mit dieser Vergangenheit konfrontiert werden. Und auch wenn dich niemand drauf anspricht, so kannst du davon nicht unberührt bleiben. Noch stärker ist dieses Gefühl, wenn du nach Israel fährst. Denn das Verbrechen der Schoah oder des Holocaust, also des Mordes an sechs Millionen Juden, wirkt noch immer nach. Natürlich gibt es keine Kollektivschuld, natürlich sind wir später Geborenen unschuldig. Aber aus der Vergangenheit unseres Volkes ergibt sich für uns heute Lebende ein besonders hohes Maß an Verantwortung. Mehr als andere habe wir uns für die

Wahrung der Menschenrechte und die Achtung der Würde jedes einzelnen Menschen einzusetzen.

Sören Kierkegaard hat in einer Bemerkung zu diesem Gebot folgendes geschrieben: *"Von dem Entsetzlichen sich frei reden wollen mit der Erklärung, jene Aussage sei eine jüdische, hilft nichts. Das Christentum hat niemals jedem Individuum das Vorrecht zuerkannt, im äußerlichen Sinne von vorne anfangen zu dürfen. Ein jedes Individuum hebt an in einer geschichtlichen Verkettung und die Naturfolgen gelten jetzt wie je."*[4]. Der Mensch lebt eben nicht auf einem einsamen Stern, sondern ist Glied einer bestimmten Gemeinschaft, die auch die Vorfahren mit umfasst. Und den Rucksack, den uns unsere Altvorderen mitgegeben haben, müssen wir tragen, ob wir wollen oder nicht.

B.: Welche Schlussfolgerungen ergeben sich für uns heute daraus?

A.: Vor allem folgende: Bei allem, was wir tun, müssen wir bedenken, dass sich dies auf andere Menschen auswirkt - auf jetzt lebende und auf künftige Generationen. Wir müssen uns also stets unserer Verantwortung sowohl für uns selbst, als auch für andere Menschen, für die Gesellschaft, ja die ganze Welt im Klaren sein. Wenn wir betonen, dass Gott die Menschen zur Freiheit geschaffen hat, müssen wir hinzufügen, dass er sie zugleich auch zur Verantwortung geschaffen hat. Denn Freiheit ohne Verantwortung ist ein erschreckendes Monstrum.

---

[4] Sören Kierkegaard: "Der Begriff Angst"; GTB608; Seite 73).

Nicht bloß Schall und Rauch
Das Dritte Gebot

> "Du sollst den Namen des HERRN, deines Gottes, nicht missbrauchen; denn der HERR wird den nicht ungestraft lassen, der seinen Namen missbraucht."

B.: Ich möchte unser heutiges Gespräch mit einer Frage beginnen: Wie heißt Gott eigentlich? Wenn das Gebot verbietet, den Namen Gottes zu missbrauchen, muss Gott doch einen Namen haben. Also: wie heißt Gott, wie ist sein Name?

A.: Natürlich müssen wir diese Frage stellen und auch versuchen, eine Antwort zu finden. Doch zunächst möchte ich dir eine Gegenfrage stellen: Was ist eigentlich ein Name?

B.: Nun, ich würde sagen: eine Name ist jenes Wort, das eine Person von anderen unterscheidet. Wenn ich jemand bei seinem (ihrem) Namen rufe, weiß er (sie), dass er (sie) und nicht jemand anderer gemeint ist.

A.: Genau. Durch den Namen wird eine Person benannt. Die Worte "Name" und "(be)nennen" haben ja denselben indoeuropäischen Wortstamm. Durch den Namen wird eine Person eindeutig bestimmt und von anderen unterschieden.

B.: Das verstehe ich. Diese Tatsache führt oft dazu, dass wir Menschen mit ihren Namen gleichsetzen. Wird der Name genannt, erscheint die Person vor unserem geistigen Auge.

A.: Dabei muss aber festgehalten werden, dass der Name mit der bezeichneten Person keineswegs identisch ist. Grundsätzlich bleibt ein Mensch auch dann derselbe, wenn er einen anderen Namen hat. Denk nur an Frauen, die bei der Eheschließung den Namen des Gatten annehmen.
Andrerseits wirkt sich der Name sehr wohl auf die Person aus. Je länger ich mit meinem Namen lebe, um so mehr verwachse ich mit ihm. Meinen Namen zu wechseln, erscheint mir heute als nahezu unmöglich. Denn damit würde ich ja meine bisherige Lebensgeschichte abstreifen, wie eine Schlange ihre Haut.

B.: Das heißt dann auch, dass wir mit dem Namen einer Person auch ihre Wesensmerkmale, Charaktereigenschaften und Erlebnisse verbinden. Andrerseits ist aber die Namensgebung immer auch willkürlich. Der Namensgeber - in der Regel die Eltern -, sucht sich einen ihm gefallenden Namen aus, dem sich der Träger unterwerfen muss. Oft leiden Kinder unter einem komisch klingenden Namen. Namensgebung ist also immer auch ein Willkürakt.

A.: Ganz bestimmt. Durch die Namensgebung übt ein Mensch Macht über einen anderen aus. Denk z.B. an die Spitznamen, die Menschen einander geben. Die sind oft sehr unschön und trotzdem kann sich der Träger eines Spitznamens kaum dagegen wehren. Namensgebung ist eben immer auch Herrschaftsausübung.

B.: Da fällt mir die Stelle der Bibel ein, wo Gott dem Adam alle Tiere vorführt, damit er jedem von ihnen einen Namen gibt. Hier wird besonders deutlich, dass der Mensch durch die Namensgebung Herr über die Tiere ist. Vielleicht haben spätere Generationen dies zum Vorwand genommen, um die Tiere wie Objekte zu behandeln.

A.: Damit magst du Recht haben. Doch sollten wir nicht nur den Aspekt der Herrschaft sehen, durch den Namen wird auch eine Beziehung zwischen Menschen hergestellt. Das lässt sich sogar im Alltagsleben leicht beobachten: Wenn ich z.B. jemanden auf der Straße grüße, ohne seinen Namen zu nennen, klingt das irgendwie unpersönlich, sage ich jedoch den Namen, stelle ich eine Beziehung her. "Guten Tag", klingt anders als "Guten Tag, Herr Mayer." In letzterem Fall fühlt Herr Mayer sich als Person direkt angesprochen.

Im Hebräischen wird das besonders deutlich. Denn das hebräische Wort für Name, "Schem", hat dieselbe Wurzel wie das Zeitwort "Schm", was "hören" bedeutet. Wir sagen ja auch im Deutschen, "Ich höre auf den Namen Soundso", damit wird deutlich, dass zwischen "Name" und "hören" ein Zusammenhang besteht.

In der Bibel kommt darüber hinaus noch zum Ausdruck, dass derjenige, welcher den Namen ausspricht, zugleich der ist, welcher eine Beziehung herstellt. Der den Namen Aussprechende ist also gleichsam die treibende Kraft. In der Bibel ist es stets Gott, der Menschen bei ihrem Namen ruft.

B.: Lass mich also eine Zwischenbilanz anstellen. Wir haben festgestellt, dass der Name auf eine Person hinweist. Weiters, dass der Namensgeber in gewissem Sinne Macht über den Namensträger ausübt, sowie dass durch das Aussprechen des Namens eine Beziehung zu jemandem hergestellt wird.

A.: So ist es. All das ist aber auch der Grund dafür, dass die Israeliten eine große Scheu hatten, den Gottesnamen auszusprechen. Sie wussten, dass Gott mit menschlichen Kategorien nicht erfasst werden kann. Jede von den Menschen als göttlich betrachtete Eigenschaft wie z.B. Allmacht, Allwissenheit, stellt immer nur einen Teil des göttlichen Wesens dar. Jedes Reden über Gott bleibt höchst unvollkommenes Stückwerk, nochmals sei der Satz von Karl Barth zitiert: "*Über Gott können wir nur stammeln*". Kann es ein Wort in der menschlichen Sprache geben, das Gott hinlänglich zu beschreiben vermag?

All dies bestärkte die Israeliten in der Auffassung, dass es besser wäre, den Namen Gottes nicht auszusprechen.

B.: Jetzt will ich es aber endlich wissen, hat Gott nun einen Namen oder nicht? Und wenn ja, wie lautet er?

A.: Die Bibel nennt in der Tat einen Namen für Gott und du kennst ihn ja selbst, wir haben ihn in unseren Diskussionen schon erwähnt. Er lautet "Jahwe". Was dieser Name bedeutet, wissen wir bis heute nicht so genau. Es gibt Wissenschafter, die im Namen Jahwe die altsemitische Wurzel "hwj" stecken sehen, die so viel wie „der Seiende" bedeutet. Im Buch Exodus gibt es jene Geschichte, in der Gott dem Mose in einem brennenden Dornbusch erscheint und ihn auffordert, sein Volk Israel aus der Knechtschaft zu führen. Diese Geschichte scheint die These, dass Jahwe der Seiende heißt, zu bestätigen. Auf die Frage des Mose, wer er denn sei, antwortet Gott mit einer Formel, die in den meisten Bibelübersetzungen so wiedergegeben wird: "Ich bin, der ich bin" , in neueren Ausgaben mit :"Ich bin der: Ich-bin-Da". Auf hebräisch heißt es "ächjä ascher ächjä", was eigentlich so viel wie "Ich werde sein, der ich sein werde" bedeutet.

Die Bibel versucht so, den grundlegenden Unterschied zwischen Gott, dem Schöpfer und den Geschöpfen zu verdeutlichen. Während diese ihre Existenz dem göttlichen Schöpfungsakt verdanken, existiert Gott aus sich selbst heraus, niemand hat Ihn erschaffen. Er steht über Raum und Zeit. Allerdings sprachen die Israeliten den Namen "Jahwe" niemals aus, weil ihre Ehrfurcht vor Gott so groß war. Sie fürchteten, allein durch das Aussprechen Seines Namens diesen bereits zu missbrauchen.

B.: Wenn sie den Namen Gottes, also "Jahwe", nicht aussprachen, wie bezeichneten sie Ihn dann?

A.: Nun, da hat die Bibel eine Reihe von Bezeichnungen, die wir alle auch übernommen haben, z.B.: der Allmächtige, der Höchste, der Heilige Israels, der HERR. Gott wird aber auch als Vater bezeichnet und zwar nicht erst von Jesus. Jesus gebrauchte diesen

Namen, weil er in der damaligen jüdischen Tradition bereits verankert war.

B.: Nun würde mich noch folgendes interessieren. Wie ist das mit dem Namen Jehova, ich denke z.B. an die "Zeugen Jehovas"? Ist Jehova dasselbe wie Jahwe?

A.: Ja, es ist dasselbe. Aber Jehova ist das Produkt einer Fehlinterpretation. Um zu verstehen, wie es dazu kam, muss man folgendes wissen:

Ein Wesensmerkmal der semitischen Sprachen besteht darin, dass sie nur für Konsonanten eigene Schriftzeichen haben. Ursprünglich wurden daher nur diese geschrieben, während man sich die Vokale einfach hinzudenken und beim Lesen aussprechen musste. Das kann natürlich in manchen Fällen zu Missverständnissen führen. Ich will das mit folgendem Beispiel verdeutlichen:

Stelle die vor, im Deutschen würden wir auch nur Konsonanten schreiben. Was würde dann folgendes Wort bedeuten: "lbn"? Es könnte "leben, loben, laben" oder auch "lieben" bedeuten. In vielen Fällen mag die richtige Bedeutung aus dem Satzzusammenhang relativ leicht ableitbar sein. Wenn z.B. ein junger Mann seiner Freundin in einem Brief schreibt "Ich lb dich", wird er wohl kaum meinen" ich lobe dich", sondern eher "ich liebe dich". Sehr oft jedoch ist der Zusammenhang keineswegs so offenkundig. Das wussten natürlich auch die Israeliten und darum haben sie im Laufe der Zeit – allerdings erst gegen Ende des 1. Jahrtausends nach Christus - ein System von Punkten und Strichen entwickelt, die unter und über die Konsonanten gestellt werden und den Vokal eindeutig bezeichnen. Ein solcher "punktierter" Text ist natürlich sehr viel leichter lesbar als ein nicht punktierter. Wie konnte es nun zu der Fehlinterpretation Jehova kommen?

Die Antwort haben wir zum Teil ja schon gegeben, als wir sagten, dass die Israeliten den Namen Gottes niemals ausgesprochen haben. Statt "Jahwe" haben sie "HERR" gesagt. Auf Hebräisch heißt Herr "Adonai". Nun haben sie die Konsonanten für Jahwe JHWH geschrieben, dazu aber nicht die Vokalzeichen für a und e, sondern für "Adonai" also A, O und Ai. Wann immer ein Jude JHWH geschrieben sieht, liest er automatisch "Adonai".

Beim Übersetzen ins Lateinische ereignete sich nun der Fehler, denn die Übersetzer bedachten diesen Zusammenhang nicht. Sie dachten, die unter JHWH angebrachten Punkte gehörten tatsächlich zu diesen vier Konsonanten und lasen daher "Jahovai". Im Laufe der Zeit wurde dieser Name zu Jehova verballhornt. Das ist des Rätsels Lösung.

B.: Da hab ich nun wirklich eine Menge gelernt. Jetzt möchte ich aber noch darüber sprechen, wie das Gebot, den Namen Gottes nicht zu missbrauchen, zu verstehen ist. Ich kann mir gut vorstellen, dass es mit dem magischen Bewusstsein der alten Völker zu tun hat. Die glaubten, dass ein Fluch tatsächlich eintreten würde, wenn er unter Berufung auf eine Gottheit ausgesprochen wurde. Wahrscheinlich sollte das vermieden werden.

A.: Du kommst der Sache ziemlich nahe. Dahinter steckt ein Gedanke, der für den modernen Menschen nicht mehr so leicht nachvollziehbar ist.

Der Mensch des Altertums glaubte, dass zwischen Wort und Tat eine unauflösliche Verbindung besteht. Dies kommt z.B. dadurch zum Ausdruck, dass das hebräische Wort "dabar" sowohl "Wort" als auch "Sache" bedeuten kann. Für den Menschen des Altertums war das Wort also nichts Flüchtiges, sondern Realität. *"Gott sprach: es werde Licht! und es ward Licht"* heißt es im Schöpfungsbericht. Gott spricht ein Wort aus und schon ist es verwirklicht. Man kann ruhig sagen, dass bei Gott Wort und Tat eigentlich eins sind.

Beim Menschen geht dieser Übergang natürlich nicht so unmittelbar vor sich. Aber auch das vom Menschen gesprochene Wort wirkt, bewirkt etwas, wird also Wirklichkeit. Daran glaubten die Menschen des Altertums ganz fest und die semitischen Völker besonders.

Der moderne Mensch ist sich dieses Zusammenhangs nicht mehr ganz so bewusst. Schon Goethe drückte dies vor 200 Jahren in seinem "Faust" aus, den er folgende Worte sagen lässt:

> "Geschrieben steht: Im Anfang war das Wort.
> Hier stock ich schon! Wer hilft mir weiter fort?
> Ich kann das Wort so hoch unmöglich schätzen,
> ich muss es anders übersetzen,
> wenn ich vom Geiste recht erleuchtet bin.
> Geschrieben steht: Im Anfang war der Sinn.
> Bedenke wohl die erste Zeile,
> dass deine Feder sich nicht übereile!
> Ist es der Sinn, der alles wirkt und schafft?
> Es sollte stehn: Im Anfang war die Kraft.
> Doch auch indem ich dieses niederschreibe,
> schon warnt mich was, dass ich dabei nicht bleibe.
> Mir hilft der Geist! Auf einmal seh ich Rat
> Und schreibe getrost: Im Anfang war die Tat."

Wie viele Überlegungen muss Faust erst anstellen, ehe er in der Lage ist, einen Zusammenhang zwischen Wort und Tat herzustellen! Drum hören wir heute oft Menschen sagen: "Das habe ich nicht so gemeint." Für den modernen Menschen existiert zwischen Wort und Tat oft eine tiefe Kluft. Dabei belehrt uns die Wirklichkeit immer wieder eines besseren. Wenn Eltern z.B. ihrem Kind ständig sagen, dass es unfähig ist und zu nichts tauge, dürfen sie sich nicht wundern, wenn es tatsächlich ein Taugenichts wird. Worte haben eine Wirkung - das sollten wir stets bedenken. Weil das aber zu wenig bedacht wurde, konnten totalitäre Ideologien ihr teuflisches Handwerk treiben – denken wir nur an die Zeit des Nationalsozialismus. An jeder Häuserwand standen Parolen wie diese geschrieben: "Juda, verrecke" - haben die Menschen wirklich nicht bedacht, dass diese Worte einmal Wirklichkeit werden? Du siehst also, Worte sind mehr als Schall und Rauch.

B.: Da macht mich richtig betroffen. Doch verstehe ich jetzt auch erst richtig, auf welch vielfältige Weise Gottes Name missbraucht werden kann. Dies geschieht immer dann, wenn im Namen Gottes Böses verübt wird. Ich möchte hier nur daran erinnern, dass Kriege immer wieder im Namen einer bestimmten Religion geführt wurden, dass auch in den Weltkriegen die Geistlichen aller Lager Gott gleichsam auf ihre Seite ziehen wollten.

A.: Leider haben die Religionen, auch - vielleicht gerade - die christliche ein schweres Erbe von Schuld zu tragen. Aber ich glaube, dass wir Gottes Namen nicht nur dann missbrauchen, wenn wir Böses tun. Wir missbrauchen ihn auch dann, wenn wir das Gute, das wir tun sollten und auch könnten, unterlassen. Denn wenn es stimmt, dass zwischen Wort und Tat ein unauflöslicher Zusammenhang besteht, dann können wir Christen uns nicht um die Erfüllung unseres Auftrags drücken. Ein tschechischer Theologe, Jan Milic Lochman, hat das so beschrieben; *"Das dritte Gebot .... stellt die Frage nach der Integrität unseres Glaubens. Es nimmt jeden von uns - und die ganze Kirche - beim Wort des Bekenntnisses und wehrt jeder Schizophrenie zwischen Wort und Tat... Der Name Gottes und seine Geschichte sind untrennbar verbunden. Dieser Name wird missbraucht, wenn er nicht im Vollzug dieser Geschichte, in der Nachfolge des Lebens geheiligt wird. Das ist die ethische Konsequenz des Dritten Gebotes. An ihr entscheidet sich die Glaubwürdigkeit unserer christlichen und kirchlichen Existenz."* [5]

---

[5] Jan Milic Lochman: „Wegweisung de Freiheit. GTB 340, S. 51

> Gedenke des Sabbattages, dass du ihn heiligest. Sechs Tage sollst du arbeiten und alle   deine Werke tun. Aber am siebenten Tag ist der Sabbat des HERRN, deines Gottes. Da sollst du keine Arbeit tun, auch nicht dein Sohn, deine Tochter, dein Knecht, deine Magd, dein Vieh, auch nicht dein Fremdling, der in deiner Stadt lebt.
> Denn in sechs Tagen hat der HERR Himmel und Erde gemacht und das Meer und alles, was darinnen ist, und ruhte am siebenten Tage. Darum segnete der HERR den Sabbattag und heiligte ihn.

B.: Also dieses Gebot ist ja schon etwas Einmaliges. Vor allem imponiert mir, dass so ausführlich beschrieben wird. Alle Menschen, die am Sabbat ruhen sollen, werden da einzeln angeführt. Mir scheint, dass dieses Gebot fast länger ist als das erste, das doch als Grundlage des Dekalogs eine ganz besondere Bedeutung hat. Woran liegt es eigentlich, dass das Sabbatgebot so lang, so genau und so ausführlich ist?

A.: In der Tat nimmt das Sabbatgebot einen zentralen Platz innerhalb des Dekalogs ein. Seine Einmaligkeit kommt daher, dass es die Klammer zwischen der ersten und der zweiten Tafel darstellt.

B.: Was, bitte schön, soll denn das heißen?

A.: Die Bibel berichtet, dass Mose auf den Berg Sinai gestiegen ist und dort von Gott zwei Steintafeln empfangen hat, auf denen die Gebote eingemeißelt waren. Nach der Überlieferung waren auf der einen Tafel jene Gebote eingemeißelt, die das Verhältnis zwischen Gott und Mensch betreffen, also vom 1. bis zum 4. (immer nach der Zwingli-Zählung!). Die zweite Tafel, beginnend mit dem Gebot der Ehrfurcht vor den Eltern, umfasst jene Gebote, die die zwischenmenschlichen Verhältnisse betreffen.
Nun betrifft das Sabbatgebot aber sowohl die Beziehung Gott - Mensch als auch jene zwischen den Menschen. Es gehört also sowohl zur ersten als auch zur zweiten Tafel, stellt also die Klammer zwischen beiden dar.

B.: Jetzt musst du mir weiterhelfen, denn das verstehe ich nicht ganz. Wieso betrifft das Sabbatgebot sowohl das Verhältnis des

Menschen zu Gott als auch die Beziehungen zwischen den Menschen?

A.: Die Israeliten sollen am Sabbat ruhen, weil auch Gott am siebenten Tag geruht hat. Die Begründung für dieses Gebot liegt also in der Beziehung zu Gott. Andrerseits wirkt sich das Sabbatgebot auf die zwischenmenschlichen, ja gesellschaftlichen Beziehungen aus. Du hast es ja selbst gehört: **alle** sollen an diesem Tag ruhen. Daraus resultiert für den einzelnen die Verpflichtung, den anderen nicht daran zu hindern, ebenfalls am Sabbat ruhen zu können.

B.: Wenn ich mir den Wortlaut des Gebotes in Erinnerung rufe, die Aufzählung aller Menschen, die am Sabbat ruhen sollen, dann fällt mir auf, dass dazu auch die Sklaven und Sklavinnen gehören. Somit stellt das Sabbatgebot einen Schutz vor Ausbeutung dar, es ist gleichsam eine Art antike Sozialgesetzgebung.

A.: Das könnte man durchaus so sehen. Vor allem aber: das Sabbatgebot hebt alle gesellschaftlichen Unterschiede auf, denn alle sollen am Sabbat ruhen, nicht nur die Reichen und Mächtigen, sondern auch die Armen und Schwachen. Damit steht das israelitische Sabbatgebot in der Geschichte des Altertums einmalig da. Denn nirgends sonst gab es einen regelmäßigen Ruhetag für alle. In den anderen Kulturen des Vorderen Orients - bei den Babyloniern und Ägyptern z.B. - und des Mittelmeerraumes - also bei den Griechen und Römern - gab es für die Sklaven und die Armen keinen einzigen freien Tag, während die Freien und Reichen jeden Tag Feiertag hatten.

B.: Ähnlich wie beim Bilderverbot muss ich auch beim Sabbatgebot die Frage stellen. Wie kam es dazu, dass sich in Israel dieses einmalige Gebot herausbildete? Oder auch anders gefragt: Weshalb kannten andere Völker keinen regelmäßigen Feiertag?

A.: Das hängt ganz bestimmt mit der besonderen Stellung der Arbeit in der Bibel zusammen. Bei den antiken Völkern, den Griechen und Römern beispielsweise, war Arbeit ausschließlich Sache der Sklaven. Dabei muss ich präzisierend hinzufügen, dass unter Arbeit immer die körperliche Arbeit verstanden wurde. Die war schwer, anstrengend, machte schmutzig, da kam man ins Schwitzen - alles Dinge, die einem freien griechischen oder römischen Mann schlicht und einfach ein Gräuel waren. Kein Freier wäre je auf den Gedanken gekommen, zu arbeiten. Geistige Tätigkeit hingegen wurde nicht als Arbeit verstanden, daher war sie den Freien vorbehalten.

In der Bibel jedoch hat die Arbeit einen besonderen Stellenwert, hier wird sie hoch geschätzt. Daher hat im alten Israel jeder gearbeitet, und zwar mit seinen Händen. Die Schriftgelehrten und Rabbinen waren keine hauptberuflichen Pfarrer, sondern hatten ein Handwerk erlernt, durch das sie sich ihren Lebensunterhalt verdienten. Du weißt ja, dass Jesus Zimmermann war, und von Paulus wird berichtet, dass er das Handwerk des Zeltmachers ausübte, und Paulus war auch ein Schriftgelehrter.

B.: Aber wird die Arbeit in der Bibel nicht eher als Fluch betrachtet? In dem Buch Genesis heißt es ja, dass der Mensch zur Strafe für seinen Sündenfall zur Arbeit verdammt wird: "*Im Schweiße deines Angesichts sollst du dein Brot essen.*"

A.: Schon, nur wird damit nicht die Arbeit an sich als Fluch betrachtet, sondern vielmehr die Tatsache, dass sie so mühsam und beschwerlich war. Und das war sie im Altertum ganz gewiss. In derselben Bibelstelle sagt Gott zu Adam ja auch: "*Verflucht sei der Acker um deinetwillen....Dornen und Disteln soll er tragen.*" Das ist eine realistische Beschreibung der landwirtschaftlichen Verhältnisse im Vorderen Orient. Doch damit ist die Arbeit an sich keineswegs verflucht. Im Gegenteil: an nicht wenigen Stellen der Bibel finden wir ein hohes Lob der Arbeit, z.B. im Buch der Sprüche.
Weil aber nun die Arbeit einen hohen Stellenwert hatte und weil von jedem Menschen erwartet wurde, dass er durch Arbeit seinen Lebensunterhalt verdiene, daher hat der wöchentliche Ruhetag erst seinen Sinn. Ruhe und Erholung wird erst dann schön und angenehm, wenn man vorher gearbeitet hat. Daher heißt es: "*Sechs Tage sollst du arbeiten und am siebenten sollst du ruhen.*"

B.: Das verstehe ich. Doch damit hast du mir noch nicht meine Frage von vorhin beantwortet, weshalb gerade Israel einen wöchentlichen Ruhetag entwickelt hat und andere Völker nicht. Gibt es denn da wirklich keine Parallelen zu außerbiblischen Kulturen und Religionen?

A.: Nein, absolut keine. Keine andere Kultur, keine andere Religion, kein anderes Volk hat einen regelmäßigen, damit meine ich: in kurzen Abständen regelmäßig wiederkehrenden Feiertag für alle, hervorgebracht. Normalerweise entstanden die verschiedenen kultischen Festtage in Anlehnung an bestimmte Naturereignisse: Aussaat, Ernte, Sonnenwende, Mondphasen usw. Zu all diesen Naturphänomen haben die Völker Festtage entwickelt. Beim Sabbat ist aber keine Vorlage im Naturablauf zu finden. Der Sieben-Tage-Rhythmus ist in der Natur ja nirgends präsent, daher haben die anderen Völker auch andere Wocheneinteilungen: bei den Babyloniern hatte die Woche zehn Tage, bei den Indern acht. Aber einen wöchentlichen Feiertag haben sie nicht hervorgebracht. Dass es für den Sabbat also keinen "Sitz im Leben" gibt, scheint mir ein ganz starker Hinweis dafür zu sein, dass er dem Volk Israel tatsächlich direkt von Gott gegeben wurde.

B.: Was bedeutet das Wort Sabbat eigentlich?

A.: Auch das weiß niemand so genau. Die Sprachforscher sind draufgekommen, dass im Wort Sabbat die altsemitische Wurzel "schbt" steckt, die soviel wie "aufhören" bedeutet. Das hieße dann: aufhören, zu arbeiten. Der Sabbat ist also der Tag, an dem wir aufhören sollen, zu arbeiten. Im modernen Hebräischen, dem so genannten Ivrit, hat das Zeitwort „schabat" (Infinitiv: „lischbot") die Bedeutung „streiken" angenommen.

Doch nun möchte ich deine Aufmerksamkeit auf einen anderen Umstand lenken. Du weißt ja, dass die Zehn Gebote an zwei verschiedenen Stellen der Bibel angeführt sind: einmal im 2. Buch Mose (Exodus), Kap. 20, und dann noch einmal im 5. Buch Mose (Deuteronomium), im 5. Kap. Im großen und ganzen ist der Wortlaut in beiden Büchern ziemlich gleich. Nur beim Sabbatgebot weicht das 5. Buch Mose vom Buch Exodus ab. Wir haben oben den Text aus dem Buch Exodus gelesen, schau dir nun den Text aus dem Buch Deuteronomium an und vergleiche ihn mit dem anderen. Er lautet so:

"Den Sabbattag sollst du halten, dass du ihn heiligest, wie dir der HERR, dein Gott, geboten hat. Sechs Tage sollst du arbeiten und alle deine Werke tun. Aber am siebenten Tag ist der Sabbat des HERRN, deines Gottes. Da sollst du keine Arbeit tun, auch nicht dein Sohn, deine Tochter, dein Esel, all dein Vieh, auch nicht dein Fremdling, der in deiner Stadt lebt, auf dass dein Knecht und deine Magd ruhen gleichwie du. Denn du sollst daran denken, dass auch du Knecht in Ägyptenland warst und der HERR, dein Gott, dich von dort herausgeführt hat mit mächtiger Hand und ausgestrecktem Arm. Darum hat dir der HERR, dein Gott, geboten, dass du den Sabbattag halten sollst."

B.: Oh ja, da ist schon ein Unterschied, und zwar in der Begründung des Gebotes. Im ersten Text heißt es: *"In sechs Tagen hat der HERR Himmel und Erde gemacht ... und ruhte am siebenten Tag."* Und deshalb sollen auch die Menschen ruhen. Im 5. Buch Mose jedoch wird daran erinnert, dass Israel einst Sklave in Ägypten war und deshalb auch den Sklaven die Möglichkeit gegeben werden soll, die Sabbatruhe zu halten.

A.: Genau. Im Buch Exodus haben wir es gleichsam mit einer religiösen, besser: kosmischen Begründung zu tun. Im Deuteronomium aber hat der Sabbat einen sozialen Grund. Weil Israel selbst das Sklavenschicksal erlitten hat, daher soll es seinerseits niemanden versklaven. Die Befreiung, die Gott Israel geschenkt hat, indem Er es aus Ägypten heraus geführt hat, die soll es weitergeben. Daher wird in dieser Version auch ausdrücklich hervorgehoben, dass der Knecht und die Magd genau so ruhen sollen wie du. Mit diesem "Du" sind die eigentlichen Adressaten des Dekalogs gemeint, und die waren freie Hirten, Viehzüchter, Bauern und Händler.

B.: Danke für diese vielen Informationen, da hab ich nun eine Menge gelernt. Doch das betrifft alles die Vergangenheit, das Volk Israel im Alten Testament. Mich würde nun aber interessieren, welche Bedeutung dieses Sabbatgebot für uns heute lebende Menschen hat. Geht es uns überhaupt noch etwas an?

A.: Sehr viel sogar. Kein anderes der Zehn Gebote hat eine so nachhaltige, geradezu revolutionäre Wirkung bis auf den heutigen Tag hinterlassen. Wenn die gesamte christliche Welt heute den wöchentlichen Ruhetag des Sonntags hat, wenn in der islamischen Welt der Freitag der wöchentliche Ruhetag ist, so ist das eine Folge des biblischen Sabbats. Freilich betrachten die Muslime den Freitag mehr als Tag des gemeinsamen Gebets in der Moschee und weniger als Ruhetag. Aber trotzdem hat auch er im alttestamentlichen Sabbatgebot gleichsam seine Vorlage.

B.: Du meinst also, der Sonntag sei unser Sabbat. Das erstaunt mich aber, denn ich habe immer geglaubt, der Sabbat sei der Samstag.

A.: Viele Menschen glauben, Sabbat sei nichts anderes als das hebräische Wort für Samstag. Aber das ist falsch. Die hebräische Sprache hat nämlich für die einzelnen Wochentage keine besonderen Namen, so wie das in unseren modernen Sprachen der Fall ist. Stattdessen werden sie einfach gezählt, heißen also: 1. Tag, 2. Tag, 3. Tag usw. (jom rischon, jom scheni, jom schlischi ....). Lediglich für den 7. Tag gibt es einen eigenen Namen, eben Sabbat. Nun kommt es darauf an, mit welchem Tag der Woche wir zu zählen beginnen. Im alten Israel begann man die Woche mit dem Sonntag, der war der 1. Tag der Woche (jom rischon). Der 7. Tag, also der Sabbat, war dann natürlich der Samstag. Wo aber steht geschrieben, dass wir unbedingt am Sonntag zu zählen beginnen müssen? Ich behaupte, es wäre durchaus auch möglich, z.B. mit dem Mittwoch zu zählen zu beginnen, dann wäre der Dienstag der 7. Tag. Aber es hat sich eben so entwickelt, dass die Israeliten die Woche mit dem Sonntag begannen, aber ein göttliches Gebot ist das keineswegs.

B.: Wie kam es dann zur Verlegung des Ruhetages auf den Sonntag? Liegt es daran, dass Jesus - wie ja das Neue Testament bezeugt - den Sabbat abgelehnt hat?

A.: Wenn du meinst, Jesus habe den Sabbat abgelehnt, bist du einem leider weit verbreiteten Irrglauben erlegen. Denn Jesus hat den Sabbat keineswegs abgelehnt, sondern im Gegenteil sehr geschätzt und selbstverständlich gehalten. Um Jesu Verhältnis zum Sabbat zu verstehen, muss man folgendes wissen:

Weil der Sabbat in der ganzen Geschichte des Altertums einmalig war, ist er für die Israeliten sehr bald zu einem charakteristischen Unterscheidungsmerkmal geworden. Daran, dass jemand den Sabbat einhielt, also keine Arbeit tat, konnte man erkennen, dass er ein frommer Jude war. Und je mehr die Juden im Altertum von den „heidnischen" Völkern unterdrückt und verfolgt wurden, umso mehr sahen sich gezwungen, ihre Besonderheiten hervorzuheben.

Um das beim Sabbat sicherzustellen, haben die verschiedenen rabbinischen Schulen eine Reihe von Geboten entwickelt, die regelten, welche Arbeiten am Sabbat erlaubt waren und welche nicht. Im Laufe der Zeit waren diese freilich so kompliziert geworden, dass sie das Halten des Sabbats ungeheuer erschwerten. Damit aber bestand die Gefahr, dass der eigentliche Sinn des Sabbats, nämlich den Menschen an einem Tag der Woche von der Sorge um sein Dasein zu befreien, in sein Gegenteil verkehrt wurde. Dagegen, also gegen den Missbrauch des Sabbats, hat Jesus gekämpft, was er in den Worten "Der Sabbat ist für den Menschen da und nicht der Mensch für den Sabbat" deutlich macht. Im übrigen sei gesagt, dass die verschiedenen Rabbinerschulen keineswegs einer Meinung waren, welche Arbeiten am Sabbat nun erlaubt waren und welche nicht.

B.: Nun weiß ich aber noch immer nicht, wie es zur Verlegung des Ruhetags auf den Sonntag, also nach alter jüdischer Zählung, den 1. Wochentag kam.

A.: Die ersten Christen waren Juden und hielten daher ganz selbstverständlich den Sabbat. Gleichzeitig trafen sie sich am 1. Tag der Woche, also am Sonntag, zeitig in der Früh, um in einer gottesdienstlichen Feier des Heiligen Abendmahls der Auferstehung Jesu Christi zu gedenken. Im Laufe der Zeit wurde der Anteil der so genannten Judenchristen, denen der Sabbat wichtig war, immer geringer, während gleichzeitig die so genannten Heidenchristen immer mehr wurden. Die hatten aber für den Sabbat keinen Sinn mehr und konzentrierten sich daher immer mehr auf die Feier am 1. Wochentag, bis sie schließlich auf den Sabbat ganz vergaßen. Kaiser Konstantin, der ja das Christentum im Römischen Reich zur Staatsreligion erklärte, hat schließlich per Dekret den 1. Wochentag, also den Sonntag, zum regelmäßigen Ruhetag erklärt. So ist der Sonntag unser Sabbat geworden.

B.: Bei dem Sabbatgebot, wie wir es vorher gelesen haben, fällt mir auf, dass kein Wort über den Gottesdienst gesagt wird. Gerade das ist aber das Wesentliche am Sonntag - der Gottesdienstbesuch. Es wird ja schon äußerlich erkennbar durch das Läuten der Kirchenglocken am Sonntagmorgen, was mancher Langschläfer mitunter als störend empfindet.

A.: Da hast du Recht. Aber der eigentliche Sinn des Ruhetages ist eben die Ruhe, die Erholung. Es geht darum, dass jeder Mensch einen Tag in der Woche hat, an dem er von der Sorge um seine materielle Existenz, daher auch von der Lohnarbeit, befreit ist. An diesem Tag soll jeder Mensch Gelegenheit haben, das zu tun, was ihm wichtig ist, was ihm Freude macht: schlafen, spazieren gehen, einen Ausflug machen, malen, zeichnen, singen, Freunde besuchen usw. Ja, auch die sozialen Kontakte sind ganz wichtig an diesem Tag. Und genau da liegt eine große Gefahr, wenn die Entwertung des Sonntags so weitergeht wie bisher. Besonders in Wirtschaftskreisen ist es attraktiv, auf den Sonntag als allgemeinen Ruhetag zu verzichten. Wenn ohne Unterbrechung produziert und konsumiert werden kann, ist das natürlich gut fürs Geschäft. Und den Leuten wird das schmackhaft gemacht, indem angeboten wird, an einem anderen Wochentag frei zu haben. Nun mag es ja durchaus attraktiv sein, wenn jeder seinen eigenen freien Tag hat. Aber die sozialen Kontakte können dann nicht mehr in dem Ausmaß gepflegt werden wie bisher, denn dafür ist ja Voraussetzung, dass alle frei haben. Aber das liegt ganz im Interesse bestimmter Kreise, die in der Vereinzelung und der daraus folgenden Entsolidarisierung eine Stärkung ihrer Position sehen.

B.: Das hab ich so noch gar nicht betrachtet, eher habe ich darin neue Chancen persönlicher Freiheit gesehen. Wenn ich z.B. an die Diskussion über die Frage, ob am Sonntag die Geschäfte offen halten sollen oder nicht, denke - so war auch das für mich eine Frage der Freiheit. Wer will, dachte ich, soll halt sein Geschäft offen halten, und wer nicht will, muss ja am Sonntag nicht einkaufen gehen. Nach dem, was wir jetzt diskutiert haben, wird mir aber immer klarer, dass dies in der Tat der Weg in die totale Vereinzelung ist, in der soziale Kontakte und dauerhafte Beziehungen kaum Chance auf Bestand haben. Was können wir dagegen tun?

A.: Ich fürchte, dass unsere Möglichkeiten äußerst beschränkt sind. Heutzutage hat die Kirche nicht mehr die Machtmittel, ihre Wertvorstellungen zu erzwingen und das ist ja auch ganz in Ordnung so. Die moderne spätkapitalistische Gesellschaft will offensichtlich einen Menschen, der keine sozialen und persönlichen Bindungen eingeht, keine familiären Verpflichtungen hat, denn ein solcher Mensch ist rund um die Uhr für den Produktionsprozess einsatzfähig. Den Menschen wird das mit vielfältigen Versprechungen schmackhaft gemacht. Man sagt z.B.: wenn du keine Bindungen eingehst, kannst du tun und lassen, was dir gefällt, du kannst hingehen, wohin du willst, du brauchst auf niemanden Rücksicht zu nehmen, du bist frei.

Es ist freilich die Frage, ob diese Freiheit nicht um einen sehr hohen, vielleicht zu hohen Preis erkauft wird. Mehr noch: es ist die Frage, ob wir überhaupt von Freiheit sprechen können, wenn wir uns auf uns selbst zurückziehen. Ich denke, dass wahre Freiheit nur in Beziehungen möglich ist und ich glaube, dass dies auch dem biblischen Denken entspricht. Gerade bei dem Sabbatgebot geht es also immer auch um die Frage: welchen Stellenwert messe ich Beziehungen bei, der Beziehung zu Gott und der Beziehung zu meinen Mitmenschen. Um beide geht es in diesem Gebot, deshalb stellt es ja - wie schon eingangs gesagt - die Klammer zwischen den beiden Tafeln dar.

B.: Ich möchte nun doch noch gerne die Frage beantwortet wissen, ob der Gottesdienstbesuch zum Sonntag gehört oder nicht.

A.: Primär ist der Sonntag Ruhetag. Sein Sinn und Zweck besteht darin, dem Menschen in regelmäßigen Abständen die Möglichkeit zu geben, von der Last und Mühe des Alltags befreit zu werden und zu sich selbst zu kommen. Der Talmud nennt den Sabbat einen "Vorboten des Paradieses". Wenn aber der Feiertag dies tatsächlich ist, verspürt ein Christenmensch da nicht ein Bedürfnis, Gott dafür zu danken und Ihn zu loben, zu beten, zu singen, das Wort Gottes zu hören - und zwar nicht allein, sondern in der Gemeinde, gemeinsam mit anderen Christen?

In der katholischen Kirche gibt es das Wort "Sonntagspflicht". Evangelische Christen gebrauchen dieses nicht, denn wir sehen in der Teilnahme am Sonntagsgottesdienst keine Pflicht, sondern vielmehr eine Freude. Der Sabbat, der Feiertag, ist ein Vorbote des Paradieses - das will die christliche Gemeinde durch ihren Gottesdienst nicht nur sich selbst bestätigen, sondern aller Welt mitteilen.

Niemand lebt für sich allein
Das fünfte Gebot

> Du sollst deinen Vater und deine Mutter ehren, auf dass du lange lebest in dem Lande, das der HERR, dein Gott, dir geben wird.

B.: Auch dieses Gebot hat etwas Einmaliges an sich. Es ist das einzige, das eine Verheißung hat, das also die Erfüllung des Gebotes mit einer Zusage, einem bestimmten Versprechen, verbindet: *"auf dass du lange lebest, in dem Land, das der HERR, dein Gott dir geben wird."* Die Erfüllung dieses Gebotes ist also keineswegs uneigennützig.

A.: In einem bestimmten Sinn trifft das für alle Gebote zu, keines ist insofern uneigennützig als die Erfüllung eines jeden Gebotes letztlich auch auf den Menschen, der es erfüllt, positiv zurückwirkt. Aber bei diesem Gebot ist das ausdrücklich ausgesprochen, da hast du schon Recht. Doch das hat auch einen ganz bestimmten Grund.

B.: Welchen?

A.: Im Gegensatz zu uns Heutigen wussten die alten Völker ganz genau, dass der Mensch als Gemeinschaftswesen auf andere angewiesen ist. Niemand kann allein für sich leben, der Mensch ist ein "zoon politikon", ein Gemeinschaftswesen, wie Aristoteles ihn einst nannte. Nirgendwo aber ist das gegenseitige Angewiesensein so hautnah spürbar wie in der Familie und hier wiederum besonders in der Beziehung zwischen Eltern und Kindern. Du musst bedenken, dass es im Altertum keine sozialen Einrichtungen wie heute gab, weder Kindergärten noch Altersheime. Es gab noch die Großfamilie, in der mehrere Generationen unter einem Dach lebten und jede für die anderen da war.

B.: Dann wäre also auch dieses Gebot in höchstem Maße zeit- und kulturbedingt, welche Bedeutung hat es dann aber für uns heute lebende Menschen?

A.: Zunächst möchte ich sagen, dass dieses Gebot im Laufe der Geschichte sehr oft missbraucht wurde. Grundsätzlich kann natürlich jedes der zehn Gebote missbräuchlich angewandt werden und tatsächlich ist das ja auch oft genug geschehen. Bei diesem Gebot aber geschah dies besonders häufig.

Dieses Gebot wurde nämlich sehr oft dazu missbraucht, den Gehorsam gegenüber der Obrigkeit religiös zu begründen, gleichsam als gottgewollt darzustellen. Das taten auch die Reformatoren, so Luther in seinem Großen Katechismus, wo er sagt: *"Bei diesem Gebot muss weiter auch die Rede sein von all dem Gehorsam gegenüber Vorgesetzten, die zu gebieten und zu regieren haben. Denn aus der Überordnung der Eltern entspringt und verbreitet sich alle andere ... So hat man auch von altersher bei den Römern und in anderen Sprachen die Herren und Frauen im Haus patres et matres familiae, d.h. Hausväter und Hausmütter, genannt. Ebenso haben sie auch ihre Landesfürsten und Oberherren patres patriae, d.h. Väter des ganzen Landes, geheißen."* Auch die reformierte Tradition hat das Gebot der Ehrfurcht gegenüber den Eltern zum Gehorsam gegenüber der Obrigkeit ausgedehnt. So heißt es im Heidelberger Katechismus, der Grundlage der reformierten Kirche, in Österreich Evangelische Kirche H.B. genannt: *"Ich soll meinem Vater und meiner Mutter und allen meinen Vorgesetzten alle Ehre, Liebe und Treue erweisen und alle gute Lehre und Strafe mit gebührendem Gehorsam annehmen."*

Freilich haben die Reformatoren hier nichts Neues erfunden, sondern lediglich die mittelalterliche Tradition fortgeführt. Auch in der römisch-katholischen Kirche wurde dieses Gebot ohne weiteres auf die geistlichen Obrigkeiten, die sich in der Regel ja auch Väter nannten, ausgedehnt.

B.: Mir scheinen aber alle Theologen übers Ziel geschossen zu haben. Denn wenn ich mich an den Wortlaut des Gebotes erinnere, so heißt es da: wir sollen Vater und Mutter ehren. Vom Gehorsam ist da nicht die Rede. Oder sehe ich das falsch?

A.: Du siehst das ganz richtig. Vom Gehorsam ist in der Tat nicht die Rede. Wenn vom "Ehren" gesprochen wird, müssen wir wissen, dass das entsprechende hebräische Wort so viel bedeutet wie "jemandem sein ihm zukommendes Gewicht, seine ihm zukommende Bedeutung geben". Die Eltern aber hatten im Altertum eine wesentlich größere Bedeutung als heute. Sie waren nicht nur die Ernährer, sondern auch die Erzieher ihrer Kinder. Das klingt nun selbstverständlich, ist es aber heute bei weitem nicht mehr. Denn heute entziehen sich ja immer mehr Eltern ihrer Erziehungspflicht und delegieren sie an staatliche Institutionen wie Kindergärten und Schulen. Im Altertum jedoch haben die Eltern ihre Kinder tatsächlich erzogen und das heißt vor allem: sie haben ihnen Wertvorstellungen übermittelt, wünschenswerte Verhaltensweisen weitergegeben. Sie haben ihnen natürlich auch die Religion ihrer Vorfahren übermittelt, also tradiert – davon kommt das Wort Tradition. All das geschieht heute nur mehr in sehr beschränktem Maße.

B.: Da hat sich tatsächlich viel geändert. Doch ich stelle mir eine Frage: sind Kinder überhaupt in der Lage, überhaupt fähig, ihre Eltern zu "ehren"?

A.: In dem Sinne, wie die Bibel das meint, sind sie dazu wohl nicht fähig. Aber sie brauchen dazu auch nicht fähig zu sein, weil sie mit diesem Gebot gar nicht gemeint sind. Wenn also Eltern ihren Sprösslingen ihre pubertären Frechheiten mit Hinweis auf dieses Gebot austreiben wollen, gehen sie fehl. Denn der Adressat dieses Gebotes sind nicht die Kinder, sondern die Erwachsenen, die ihren alten Eltern den ihnen gebührenden Platz einräumen sollen?

B.: Welcher Platz ist das aber?

A.: Nicht unbedingt der im Alters- oder Pflegeheim, wie das heute so oft der Fall ist. Dieses Gebot stellt einerseits eine Art Dankespflicht der Kinder gegenüber ihren Eltern dar, ein Danke für all das, was sie für sie getan haben. Es ist andrerseits Ausdruck des Bewusstseins, dass die Menschen von einander abhängig sind. Und da sind wir wieder dort, wo wir eingangs waren, nämlich bei der Zeitgebundenheit. Der moderne Mensch ist extrem individualistisch geprägt und ist sich daher dieser Abhängigkeit nicht mehr so bewusst, obwohl er natürlich noch immer genau so abhängig ist wie die Menschen früherer Generationen. Nur ist diese Abhängigkeit heute anonym, also namenlos und daher schwer durchschaubar. Heute sind wir von sozialen Kräften und von der Technik abhängig und vergessen dabei, dass auch hinter diesen immer Menschen stehen, die diese Kräfte lenken und leiten. Ich will dir dafür ein Beispiel geben: Wenn du mit dem Zug von Wien nach Salzburg fährst, sind Hunderte Menschen damit beschäftigt, den Zug sicher ankommen zu lassen. Nicht nur der Zugführer und der Schaffner, sondern auch das Personal in jedem einzelnen Bahnhof, durch den der Zug fährt. Nur siehst du diese Menschen nicht, normalerweise begegnet dir nur der Schaffner. Die anderen nimmst du gar nicht wahr und dennoch sind sie mit beteiligt an der sicheren Fahrt des Zuges. Beim Flugzeug gilt dies in noch viel stärkerem Maß. Wir sehen die Menschen nicht mehr, die all die technischen Geräte bedienen und meinen daher, dass es sie nicht gibt. Unsere Beziehungen sind sehr viel anonymer als früher. Die Kehrseite davon ist, dass wir uns auch in viel geringerem Maße für unsere Mitmenschen verantwortlich fühlen. Schließlich gibt es ja für alle sozialen Probleme irgendeine staatliche Einrichtung: Kindergärten, Schulen, Erziehungsheime, Krankenhäuser, Alters- und Pflegeheime, Resozialisierungsanstalten, Erholungsheime, Lebensberater und vieles andere mehr. Daher glauben wir, unsere Verantwortung für die Mitmenschen sei schon damit erledigt, dass wir unsere Steuern und Abgaben bezahlen, durch die diese Einrichtungen erhalten werden.

B.: Damit hast du Recht und ich ahne, worauf du hinaus willst. Natürlich ist es schlimm, wenn heute viele alte Menschen in Altersheime abgeschoben werden und wenn die Kinder sich um ihre alten Eltern nicht mehr kümmern. Andrerseits ist es heute oft gar nicht mehr möglich, die alten Eltern persönlich zu pflegen, wenn sie nicht mehr selbst für sich sorgen können. Du hast am Anfang ja selbst gesagt, dass im Altertum noch die Großfamilie existierte, in der mehrere Generationen unter einem Dach zusammen lebten, so dass immer wer da war, der sich um die alte Oma oder den alten Opa kümmern konnte. Doch heute geht das nicht mehr. Die Menschen sind berufstätig und haben keine Zeit, sich ihren alten Eltern zu widmen. Meistens wohnen sie räumlich weit entfernt von den Eltern und in der Regel sind ihre Wohnungen zu klein, um die Eltern bei sich aufzunehmen.

A.: Diese Situationsbeschreibung trifft hundertprozentig zu. Ich möchte auch kein moralisches Urteil fällen, ich will nur aufzeigen, welche Konsequenzen unser moderner Lebensstil hat. Einer davon ist eben die wachsende Anonymität, die uns daran hindert, wirklich enge persönliche Beziehungen einzugehen und zu pflegen. Dass dies besonders im Familienkreis als schlimm empfunden wird, ist klar.

Andrerseits sollten wir nicht meinen, dass im Altertum alles eitel Wonne gewesen sei. Selbst im alten Israel, wo man sich wirklich bemühte, die Verpflichtungen gegenüber den Eltern ernst zu nehmen, gab es Mittel und Wege, sich dieser Pflicht zu entziehen. Einer davon hieß Korban. Dieses Wort bedeutet so viel wie Weihe- oder Opfergabe. Darunter verstand man folgendes: Man hat einen bestimmten Besitz der Eltern dem Tempel zu Jerusalem vermacht. Manchmal taten die Kinder dies bereits zu Lebzeiten der Eltern. Zwar durften die Eltern in der Regel bis an ihr Lebensende auf ihrem Besitz wohnen bleiben, aber sie durften ihn z.B. nicht verkaufen. Jesus hat diese Unsitte scharf kritisiert, z.B. im Markus-Evangelium: *"Ihr lehrt, wenn einer zu Vater oder Mutter sagt: Korban – das heißt: Opfergabe soll sein, was dir von mir zusteht – so lasst ihr ihn nichts mehr tun für seinen Vater oder seine Mutter und hebt so Gottes Wort auf."* Diese Praxis wurde allerdings nicht nur von Jesus, sondern von den Schriftgelehrten allgemein kritisiert. Es waren vor allem die Priester, die oft versuchten, die Leute zu einem Korban zu überreden. Insbesondere dann, wenn jemand über beträchtlichen Besitz verfügte.

B.: Nun würde mich noch eines interessieren: Warum verlangt das Gebot von uns, Vater und Mutter zu ehren, nicht aber, sie zu lieben?

A.: Das mag in der Tat seltsam erscheinen. Schließlich heißt es ja sogar vom Fremden, dass wir ihn lieben sollen und bei den eigenen Eltern wird das nicht gefordert. Nun versteht die Bibel unter Liebe kein Gefühl, sondern eine innere Haltung, für die besser "Wohlwollen" gesagt werden sollte. Vielleicht hat man so gedacht: Da zwischen Eltern und Kindern eine natürliche Beziehung besteht, ist das gegenseitige Wohlwollen sozusagen ebenfalls natürlich und daher ist es gar nicht erforderlich, dazu aufzufordern.

B.: Nun muss ich aber doch noch fragen: welchen Stellenwert hat dieses Gebot für uns heute Lebenden?

A.: Ich denke, dass es über die persönliche Beziehung zwischen Kindern und Eltern hinaus das Verhältnis der Generationen überhaupt betrifft. Das ist heute ja eine höchst brisante Angelegenheit. Der Anteil der alten Menschen an der Gesamtbevölkerung wird von Jahrzehnt zu Jahrzehnt immer größer. Das hat mir der längeren Lebenserwartung zu tun, und das ist ganz gewiss höchst begrüßenswert. Aber es bringt auch erhebliche Probleme mit sich. Das größte ist die Frage der Sicherung der Pensionen. Heute haben die meisten alten Menschen eine ausreichende Rente, die von den jetzt Berufstätigen finanziert wird. Deren Beiträge sind ziemlich hoch, gleichzeitig haben sie aber keine Sicherheit, selbst einmal eine ausreichende Pension zu erhalten. Den Typ des armen Alten gibt es bei uns Gott sei Dank kaum mehr. Erst kürzlich ist eine Studie über Armut in Österreich erschienen, aus der hervorgeht, dass nur 3 % der über Sechzigjährigen unter der Armutsgrenze liegen, dafür aber rund ein Viertel der allein erziehenden Mütter und Väter, sowie viele Familien mit mehreren Kindern. Wenn es uns nicht gelingt, hier einen Ausgleich zu finden, sehe ich für die Zukunft schlimme Generationskonflikte. Dieser Ausgleich würde aber bedeuten, dass auch die Pensionisten auf einen Teil ihres Einkommens verzichten sollten zugunsten der Altersversorgung künftiger Generationen. Vergessen wir nicht, dass die kommenden Generationen ohnehin ein sehr schweres Erbe übernehmen werden, z.B. eine sehr geschädigte und höchst gefährdete Umwelt.

B.: Die Konsequenz aus diesem Gebot wäre dann eine gegenseitige Verpflichtung der Generationen, die nicht nur die Jungen, sondern auch die Altern betrifft. Ob das wohl durchsetzbar ist? Aber vielleicht kann es uns Christen gelingen, den Menschen – Jungen wie Alten – bewusst zu machen, dass alle nur dann gut mit einander leben können, wenn jeder die Lebensrechte des jeweils anderen achtet. Denn niemand lebt für sich allein.

WER IST EIGENTLICH GEMEINT?
Zwischengedanken

An dieser Stelle ist es angebracht, innezuhalten und über den inneren Zusammenhang der Gebote ein wenig nachzudenken.

Wir haben gesagt, dass die Gebote auf zwei Steintafeln eingemeißelt waren. Gott selbst war es, der die Gebote auf die Tafeln schrieb und seinem Knecht Mose aushändigte, damit er sie dem Volk Israel überbringe. So steht es in der Bibel (2. Mos. 24,12 ff.). In der späteren Tradition wurden die beiden Tafeln jeweils einem der beiden Geltungsbereiche zugeordnet. Auf der ersten Tafel waren demnach die Gebote aufgezeichnet, die den Menschen gegenüber Gott verpflichten; also die Gebote 1 bis 4 (nach lutherischer und römisch-katholischer Zählung: 1 bis 3). Auf der zweiten Tafel stehen jene Gebote, die das Verhalten der Menschen untereinander regeln, die also den einzelnen Menschen gegenüber seinem Mitmenschen verpflichten. Die Klammer zwischen beiden stellt das Sabbatgebot dar, denn dieses verpflichtet den Menschen sowohl gegenüber Gott als auch gegenüber seinen Mitmenschen.

Nun stellt sich aber noch folgende Frage: an wen richten sich die Zehn Gebote eigentlich, wer ist ihr Adressat? Diese Frage haben wir eingangs dahin gehend beantwortet, dass dieser das Volk Israel ist, das sich nach seiner Befreiung aus der ägyptischen Knechtschaft auf der Wanderung in das versprochene (gelobte) Land Kanaan befindet. Gott, der Befreier, will durch die Gebote dem Volk eine Grundlage für ein Zusammenleben in Würde, Freiheit, Gerechtigkeit und Frieden geben. Israel, das aus der Sklaverei befreite Volk, soll seinerseits niemanden versklaven, vielmehr soll es die erfahrene Befreiung Tag für Tag weitergeben. Die Gesellschaft, die Israel aufbauen wird, soll ein Gemeinwesen der Freiheit sein und sich so grundlegend von den anderen Gemeinschaften der Nachbarvölker unterscheiden.

Die Gebote, welche das Verhalten der Menschen untereinander regeln, stellen Schutzbestimmungen dar. Das beginnt beim Sabbatgebot, das auch für Knechte und Mägde, ja selbst für Fremde im Lande gilt. Ebenso gilt dies für die Gebote 5 bis 10 (nach Zwingli: 6 bis 10). Sie sollen das Leben, die Würde und das Eigentum des Mitmenschen vor willkürlichen Übergriffen schützen. Trotzdem muss weiter gefragt werden: wer soll eigentlich geschützt werden – nur bestimmte Personengruppen, z.B. die Angehörigen des eigenen Volkes, oder alle Menschen?

Im Grunde betreffen das 6., 7. und 8. Gebot einen anderen Personenkreis als die beiden letzten. Diese lauten: *"Du sollst nicht begehren deines Nächsten Haus, Weib, Knecht, Magd, Rind, Esel noch alles, was dein Nächster hat"* (das 10. Gebot) sowie: *"Du sollst nicht falsch*

Zeugnis reden wider deinen Nächsten". Diese beiden Gebote betreffen die Angehörigen des Volkes Israel. Denn hier geht es wesentlich um rechtlich relevante Bestimmungen. Wir haben da an einen Rechtsstreit zwischen zwei freien Angehörigen des Volkes Israel zu denken.

Demgegenüber betreffen diese drei Gebote:

Du sollst nicht töten
Du sollst nicht ehebrechen
Du sollst nicht stehlen

alle Menschen, unabhängig davon, ob sie zu Israel gehören oder nicht. Ihre kurze, prägnante Ausdrucksweise, die keiner weiteren Ergänzung bedarf, macht deutlich, dass es hier um den Schutz der wesentlichen Lebensgrundlagen jedes Menschen geht. Diese Lebensgrundlagen sind:

♦   zunächst das Leben an sich (*"Du sollst nicht töten"*)
♦   dann die familiären Beziehungen (*"Du sollst nicht ehebrechen"*)
♦   schließlich persönliche Freiheit und materielles Eigentum (*"Du sollst nicht stehlen"*)

Dass diese drei Gebote ohne irgendeine nähere Erläuterung dastehen, dass keine Folgen für deren Unterlassung angekündigt werden, dass auch kein bestimmter Personenkreis als Adressat genannt wird, beweist, dass ihnen eine zentrale Stellung innerhalb des Dekalogs zukommt. Und das empfinden auch wir so. Während wir bei den bisher behandelten Geboten sehr deutlichen spüren, dass sie aus einer anderen, längst vergangenen Epoche stammen, so dass wir uns bisweilen fragen: "was gehen sie uns heute eigentlich noch an?", ist die ungebrochene Aktualität dieser drei Gebote auch für uns Heutige unmittelbar einsichtig. Zumindest gilt dies für das Tötungsverbot und auch noch das Verbot des Stehlens. Beim Verbot des Ehebruchs mögen viele heute freilich anders denken, dennoch hat auch dieses Gebot seine Aktualität keineswegs verloren.

Im Sinne dieser Zwischengedanken wollen wir uns daher mit den folgenden drei Geboten genauer beschäftigen, während wir dem letzten Gebot (*"Du sollst nicht begehren ..."*) nur eine relativ kurze Abhandlung widmen werden.

Ehrfurcht vor dem Leben
Das sechste Gebot

> Du sollst nicht töten

B.: Eigentlich ist es erstaunlich, dass dieses Gebot, das ich für das wichtigste halte, so kurz gehalten ist. Bei den anderen Geboten haben wir umfangreiche Begründungen gelesen, so z.B. beim Sabbatgebot. Oder beim Elterngebot - auch da haben wir gesehen, dass dieses Gebot einen bestimmten Zweck hat. Nichts von alledem bei diesem Gebot: keine Begründung, kein Zweck, aber auch keine Strafandrohungen für den Fall des Verstoßes. Mir kommt das irgendwie eigenartig vor.

A.: Mir überhaupt nicht. Dass dieses Gebot so kurz und ohne jegliche Erläuterung dasteht, ist für mich ein Hinweis auf seine zentrale Bedeutung und Wichtigkeit. Eben weil es so zentral ist, bedarf es keiner weiteren Erläuterungen. Dadurch hebt es sich auch von den anderen Geboten ab, sowohl von den vorhergehenden als auch den nachfolgenden, insbesondere den beiden letzten.

Die vorhergehenden Gebote leiten sich von dem Exoduserlebnis, also der Befreiung Israels aus der ägyptischen Sklaverei, ab. Weil der HERR ein Befreier ist, soll Israel Ihn und keinen anderen Gott verehren. Und wenn Israel nur Ihn verehrt, wird sich gleichsam als logische Folge einstellen, dass es auch die folgenden Gebote halten wird: sich kein Bild machen, um es anzubeten, den Namen des HERRN nicht missbrauchen, den Sabbat heiligen, Vater und Mutter ehren.

B.: Aber für mich ist doch gerade das Tötungsverbot die eigentliche Folgerung aus dem Befreiungserlebnis. Wer Gott als befreienden und das heißt doch Leben spendenden erlebt, kann seinerseits niemand anderen töten. Wieso ist hier der Zusammenhang mit dem Exoduserlebnis nicht deutlich hervorgehoben?

A.: Wahrscheinlich liegt es daran, dass auch schon im Verständnis des alten Israels das Tötungsverbot über das Volk Israel hinausging. Einerseits was den Adressaten betrifft, andrerseits wenn es um den Personenkreis geht, der durch dieses Gebot geschützt werden soll. Die vorhergehenden Gebote wenden sich eigentlich nur an das Volk Israel, weil ja nur dieses aus der ägyptischen Knechtschaft herausgeführt wurde. Das gibt übrigens auch für das Sabbatgebot, obwohl es dort heißt, dass auch der Fremde diesen Tag heiligen soll. Allerdings nur, wenn er in Israel lebt. Lebt er woanders, ist das Sabbatgebot für ihn nicht verpflichtend. So gesehen, wird der Zusammenhang mit dem Exodus deutlich. Auch die beiden letzten Gebote (*"Du sollst nicht falsch Zeugnis reden wider deinen Nächsten"* und *"Du sollst nicht begehren deines Nächsten, Haus, Weib usw."*) wenden sich grundsätzlich nur an das Volk Israel und betreffen auch nur Menschen dieser Gemeinschaft, wie wir später noch sehen werden.

Bei diesem Gebot, aber auch bei den beiden folgenden (*"Du sollst nicht ehebrechen, du sollst nicht stehlen"*) ist das anders. Diese drei Gebote gelten für alle Menschen, auch für die, welche nicht zum Volk Israel gehören. Also auch Nichtisraeliten sollen nicht morden, nicht ehebrechen und nicht stehlen. Wenn von nichtreligiösen Menschen immer wieder behauptet wird, der Dekalog sei im Grunde nichts Anderes als eine Sammlung sittlicher Verhaltensnormen, die grosso modo bei allen Völkern und zu allen Zeiten gelten, dann gilt dies nur für diese drei Gebote. Dies gilt nun aber nicht nur als Verpflichtung, sondern auch als Betroffenheit. Das bedeutet: bei diesen drei Geboten haben wir es in besonderem Maße mit Schutzbestimmungen zu tun, die alle Menschen – unabhängig von ihrer Volkszugehörigkeit und Religion – gelten. Niemand soll ermordet werden, egal woher er/sie kommt, woran er/sie glaubt, wer immer sie/er sein mag.

B.: Nichts leuchtet leichter ein als das. Nun habe ich vor kurzem ein bisschen in der Bibel geblättert und die der Aufzählung der Gebote folgenden Seiten im Buch Exodus durchgelesen. Diese Kapitel enthalten Strafbestimmungen für alle möglichen Verstöße und dabei ist mir aufgefallen, dass fast alle Vergehen mit dem Tod bestraft werden. Wie passt diese grausame Gesetzesauslegung mit dem Gebot *"Du sollst nicht töten"* zusammen?

A.: Eine berechtigte Frage. Die Antwort darauf – und ich sage gleich: sie wird dich im ersten Moment nicht zufrieden stellen – die Antwort ist zunächst eine sprachliche. Im hebräischen Originaltext wird hier nämlich ein Wort verwendet, das mit dem deutschen Wort "töten" nur höchst unzureichend wiedergegeben wird. Das hebräische Verbum "rsch" bezeichnet ein planloses, willkürliches, ungesetzliches Töten. Das Gebot "Al tirsach" sollte daher besser mit "Du sollst nicht morden" wiedergegeben werden.

B.: Das halte ich für Haarspalterei. Ist denn nicht jedes Töten letztlich Mord?

A.: Ganz so einfach liegen die Dinge leider nicht. Der Unterscheidung zwischen "töten" und "morden" liegt eine tiefe Einsicht zugrunde, die uns modernen Menschen weitgehend abhanden gekommen ist. Diese Einsicht ist folgende: Wir können nicht leben, ohne **anderes** Leben zu töten. Das mag eine erschreckende Einsicht sein, aber so ist es nun einmal. Es beginnt bei der Nahrung. Was wir essen, hat einmal gelebt – das Fleisch, das wir zu uns nehmen, war einmal ein lebendes Tier: ein Rind, ein Schwein, ein Fisch, ein Huhn – also ein Wesen, das sich seines Daseins genau so erfreute wie du und ich und das vor dem Sterben eben solche Angst hatte wie wir. Doch wir müssten verhungern, wenn wir nicht andere Lebewesen töteten. Das Problem kann auch durch eine konsequent vegetarische Ernährung nicht wirklich gelöst werden, so sehr ich die ethische Einstellung von Vegetariern auch respektiere. Denn auch Pflanzen sind Lebewesen, mögen sie uns auch nicht so nahe stehen wie Tiere. Tiere sind uns Menschen deshalb so nahe, weil sie wie wir Empfindungen und Gefühle mitteilen können, wozu Pflanzen offensichtlich nicht fähig sind. Aber das bedeutet noch lange nicht, dass sie keine Empfindungen haben. Sollten sie tatsächlich Empfindungen haben – was viele Wissenschafter meinen - würde das bedeuten, dass auch der Salat, die Gurke und die Tomate eine Art Schmerz verspüren, wenn wir sie verzehren. In der Natur herrscht eben ein grausamer Kreislauf von Fressen und Gefressenwerden. Und jeder von uns tötet Tag für Tag ungezählte Lebewesen, ohne es zu wollen. Bei einem Spaziergang im Wald zertrete ich ungewollt weiß Gott wie viele Käfer, Würmer, Insekten und anderes Kleingetier. Also: Leben ist nur möglich, wenn andere Wesen ihr Leben lassen.

B.: Das ist sicher ein richtiger Gedanke, den ich bisher kaum wirklich bedacht habe. Wahrscheinlich wollen wir uns das nicht wirklich eingestehen. In diesem Zusammenhang kommt mir noch ein anderer, vielleicht sehr kühner Gedanke. Liegt in dieser Tatsache, dass Leben nur möglich ist, wenn ein Wesen für das andere sein Leben hergibt, also stirbt, liegt da nicht auch der Schlüssel zum Verständnis von Jesu Opfertod?

A.: Das ist in der Tat ein kühner Gedanke, aber warum sollen wir ihm nicht nachgehen. Im Grunde macht Jesus das, was in der Natur dauernd geschieht: er gibt sein Leben für andere hin, damit die leben können. Der Unterschied ist allerdings ein zweifacher: Zum einen tut Jesus das bewusst und freiwillig, was Pflanzen und Tiere natürlich nur unbewusst und schon gar nicht willentlich tun. Zum zweiten dehnt der bewusste, willentlich erlittene Tod Jesu am Kreuz das Leben über den biologischen Bereich hinaus aus. Denn hier geht es ja zugleich darum, dass Jesus durch seinen Tod am Kreuz die Macht der Sünde gebrochen hat und diese Macht ist todbringend. Gleichzeitig macht seine Auferstehung am Ostersonntag deutlich, dass durch diese bewusste Hingabe neues Leben entsteht. Ich meine das so: derjenige, der sein Leben hingibt, gewinnt ein neues – ewiges – Leben.

Jesu Tod am Kreuz, der niemals von der Auferstehung getrennt werden darf, weist uns Christen, die wir ja in der Nachfolge Jesu stehen, den Weg, den auch wir gehen sollen. Das heißt nun nicht, dass wir begierig danach sein sollen, für andere in den Tod zu gehen. Gott sei Dank, ist das in unserer Zeit in der Regel nicht notwendig und hoffentlich wird das auch so bleiben. Sehr wohl aber heißt es, dass wir immer wieder anderen ein Stückchen von unserem Leben hergeben sollen: Aufmerksamkeit, Zuwendung, Zeit, Verständnis, Hilfe, Geborgenheit, usw. Und das Besondere dabei ist, dass wir dadurch selber keineswegs weniger leben, sondern im Gegenteil mehr, intensiver, erfüllter leben.

B.: Ich möchte nun aber doch wieder zu meinem Einwand von vorhin zurückkommen. Und zwar geht es mir um die im Buch Exodus so häufig angedrohte Todesstrafe für so viele Vergehen. Mir scheint das im Widerspruch zu diesem Gebot zu stehen und ehrlich gesagt stellt mich deine – historisch und philologisch höchst interessante Bemerkung, dass durch das Gebot das "Morden", nicht jedoch das sanktionierte Töten gemeint ist, nicht wirklich zufrieden.

A.: Was ich sehr gut verstehe. Nun, wie ist das mit der so oft angedrohten Todesstrafe? Die Israeliten haben sehr bald bemerkt, dass eine schreckliche Brutalisierung der Gesellschaft die logische Folge wäre, wenn die Todesstrafe tatsächlich so oft exekutiert würde, wie das in den Gesetzestexten des Alten Testaments gefordert wird. Sie haben daher die Androhung der Todesstrafen nicht aufgehoben – das konnte sie nicht, weil sie für sie ja Gottes Gebot waren - , in der Praxis aber haben sie deren Exekution an so viele Bedingungen geknüpft, dass sie nur sehr selten vollzogen wurde. Die wichtigste Bedingung für die Verurteilung zum Tode war nämlich, dass der Beschuldigte von mindestens zwei Zeugen bei der Ausübung seiner Tat ertappt wurde. Du kannst dir leicht vorstellen, dass das nur sehr selten vorkam und daher wurde die Todesstrafe eben auch sehr selten exekutiert. Man machte es sich in diesen Fällen also wahrlich nicht leicht und schließlich führte dies im israelitischen Volk dazu, dass man vor der Todesstrafe Abscheu empfand. So nannte man ein Gerichtshof, der innerhalb von siebzig Jahren ein Todesurteil fällte und vollstreckte, einen "Blutsgerichtshof".

B.: Das wirft freilich ein etwas anderes Bild auf diese Problematik. Überhaupt habe ich den Eindruck bekommen, dass die Israeliten eine sehr hohe Achtung vor dem Leben hatten.

A.: In der Tat. Jesus hat diese Linie fortgesetzt und sogar radikalisiert. In der Bergpredigt bringt er zum Ausdruck, dass ein Mensch einen anderen nicht erst dann tötet, wenn er ihn physisch ermordet, sondern bereits dann, wenn er ihn kränkt oder verletzt. "Wer seinem Bruder zürnt", oder ihn "Du Narr" oder "Du Nichtsnutz" nennt (Mt. 5, 21 ff.) tötet ihn bereits. Also wann immer ich die Lebensgrundlagen eines anderen Menschen einschränke, seine Lebensmöglichkeiten schmälere oder seine Würde grob verletze, töte ich ihn bereits. Nicht umsonst kennt unsere Sprache einen engen Zusammenhang zwischen den Worten "krank" und "kränken". Alles, was kränkt, macht krank und Krankheit führt immer – zumindest potentiell – zum Tod. Jesus geht also bis auf den Kern der Sache und wendet das Verbot des Tötens von seiner negativen Intention ("Du sollst nicht") in eine positive um. Wenn ich Jesu Aussagen richtig verstehe und in die Tat umzusetzen versuche, kann es nicht genügen, dem anderen keinen Schaden zuzufügen. Vielmehr soll ich alles in meiner Macht Stehende tun, um ihm zu nützen. Dann erst erfülle ich das Gebot seinem Sinne nach wirklich.

B.: Da stellt sich dann freilich die Frage, ob das überhaupt jemand schafft. Ich will nun versuchen, dieses Gebot im Sinne des von dir soeben Gesagten auf die Geschichte der Christenheit anzuwenden. Und da muss ich sagen: da steigen wir ziemlich schlecht aus. Die Christenheit hat in ihrer Geschichte ziemlich viel gemordet: die Kreuzzüge, die Glaubenskriege, die Inquisition, die Hexenverbrennungen, die Zwangsbekehrungen. Haben wir nicht ziemlich oft gegen diese Gebot verstoßen?

A.: Viel zu oft! Die Geschichte der Christenheit ist voller Schandflecke, manche Kritiker sprechen sogar von der "Kriminalgeschichte des Christentums". Man könnte nun sagen: das war im finsteren Mittelalter oder zumindest vor mehreren hundert Jahren. Andrerseits ist es noch gar nicht so lange her, dass - z.B. im 1. Weltkrieg – die Geistlichen der verschiedenen verfeindeten Mächte für den Sieg der jeweils eigenen Sache und die Niederlage der Feinde beteten. Teilweise werden ja auch heute noch Glaubenskriege geführt, obwohl die wahren Ursachen in solchen Kriegen in der Regel keineswegs die Religion ist – siehe Nordirland oder in Bosnien-Herzegowina, im Kosovo und anderen Gebieten des Balkans.

Andrerseits sehe ich doch auch eine positive Entwicklung. Gerade durch die schrecklichen Ereignisse der Vergangenheit sind wir heute so sensibilisiert, dass kaum ein ernst zu nehmender Kirchenführer es wagen würde, die Religion für den Krieg zu instrumentalisieren. Zumindest gilt dies für die westliche Christenheit (Katholiken und

Protestanten), inwieweit auch die Ostkirchen (Orthodoxie) bereits so weit sind, weiß ich nicht so genau.

Immerhin neigen die meisten bewussten Christen heute dazu, dem Krieg jegliche Legitimation abzusprechen. Die Idee des "gerechten Krieges", die im Mittelalter noch selbstverständlich war, überzeugt heute immer weniger Menschen.

B.: Wann wurde im Mittelalter ein Krieg als gerecht bezeichnet?

A.: Ausgehend von der mittelalterlichen Scholastik hat die Theologie folgende Kriterien festgesetzt, nach denen ein Krieg als gerecht beurteilt werden kann.

1.) Zunächst muss ein Krieg eine gerechtfertigte Ursache haben (causa iusta) und zwar als letzten Versuch, verletztes Recht wiederherzustellen.
2.) Weiters muss der Krieg als Ziel die "pax", also den Frieden haben. Das heißt: es darf nicht um die Vernichtung des Gegners gehen, sondern darum, mit ihm zusammenzuleben. Man nennt dies die "recta intentio", die rechte Absicht.
3.) Darüber hinaus dürfen nur sittlich vertretbare Kriegsmittel unter Einhaltung bestimmter Regeln angewandt werden (debitus modus).
4.) Außerdem darf ein Krieg nur von einer legitimierten Obrigkeit geführt werden (legitima potestas).
5.) Schließlich geht es um eine Abwägung der Güter, d.h. die Kriegsschäden dürfen nicht größer sein als das umstrittene Rechtsgut.

Das große Problem bei all dem ist freilich die Frage: wer entscheidet darüber, wer nun eigentlich im Recht ist. Schließlich hat noch jeder Staatsmann, der einen Krieg begann, behauptet, für eine gerechte Sache zu kämpfen.

B.: Also in meinen Augen gibt es überhaupt keinen gerechten Krieg. Nichts rechtfertigt den Einsatz von Tötungsmaschinerien, selbst das gerechteste Ziel.

A.: Das ist ein höchst ehrenwerter Standpunkt. Allerdings ist es doch sehr fraglich, ob mit einem solchen bedingungslosen Pazifismus wirklich menschenverachtende Systeme überwunden werden können. Ich glaube zum Beispiel nicht, dass der Nationalsozialismus mit friedlichen Mitteln allein hätte gestürzt werden können.

In diesem Zusammenhang stellt sich noch die Frage des "Tyrannenmordes". Ist es sittlich gerechtfertigt, einen grausamen Diktator zu ermorden? Dürfen wir einfach tatenlos zusehen, wie unschuldige Menschen vertrieben, abgeschlachtet werden? Siehe ein Beispiel aus unseren Tagen – das Kosovo. Ich bin mir auch nicht sicher, ob der Bombenkrieg der NATO der richtige Weg war, das Morden in dieser Region zu beenden. Oder als besonders aktuelles Beispiel,: der Irak-Krieg. Hier sind gibt es Christen, die für diesen Krieg sind ebenso wie solche, die ihn entschieden ablehnen. Aber ich glaube: wie immer wir in solchen Fragen entscheiden, wir können wohl nie unschuldig bleiben.

B.: Wahrscheinlich hast du Recht. Für mich ist das Tötungsverbot aber auch noch in anderen Fragen von größter Bedeutung. Denken wir z.B. an Fragen wie: Euthanasie, Abtreibung oder Selbstmord.

A.: Ich denke, dass wir auch in diesen Fragen immer schuldig werden, egal wie wir uns entscheiden. Nehmen wir als Beispiel den Selbstmord. Nicht zufällig sprechen wir hier von Mord und nicht von Tötung. Den Ausdruck "Freitod" halte ich übrigens für völlig irreführend, denn ich bin fest überzeugt, dass kein Mensch wirklich aus freien Stücken in den Tod geht. Wann immer ein Mensch sich selbst tötet, befindet er sich in einer – oft bloß vermeintlich - ausweglosen Situation. Dass er sich dabei schuldig macht, ist meines Erachtens überhaupt keine Frage – Selbstmord ist Sünde. Andrerseits haben wir als Christen und als Kirche kein Recht, solche Menschen zu verdammen. Wenn in früheren Zeiten Selbstmördern ein kirchliches Begräbnis verweigert wurde, so hat man gegen den Grundsatz der Barmherzigkeit brutal verstoßen. Karl Barth hat in seiner "Kirchlichen Dogmatik" geschrieben: *"Wenn es Vergebung der Sünden überhaupt gibt ..., dann auch für den Selbstmord. Die Meinung, dass gerade er unvergebar sei, beruht auf jener falschen Ansicht, als ob nun gerade das zeitlich letzte, gewissermaßen an der Schwelle der Ewigkeit stattfindende Wollen und Tun des Menschen – weil es das letzte ist – für sein ewiges Geschick, für das Urteil Gottes über ihn, ... definitiv entscheidend sei. Aber das ist von keinem einzelnen Wollen und Tun des Menschen zu sagen und so auch von diesem nicht."* [6].

B.: Und wie steht es mit Euthanasie und Abtreibung?

A.: Bei der Euthanasie vertrete ich einen ziemlich kompromisslosen Standpunkt. Vor allem Österreicher und Deutsche dürfen angesichts ihrer Geschichte hier keine Kompromisse eingehen. Ich kann schon verstehen, dass das lange Dahinsiechen eines schwer kranken Menschen die Frage aufwirft, ob so ein Leben noch sinnvoll sei. Ich habe größten Respekt vor Menschen, die so ein Leid zu tragen haben und vor ihren Angehörigen, die da mitleiden. Dennoch

---

[6] Karl Barth: „Kirchliche Dogmatik III/4" Zürich 1989, S.462

dürfen wir auch hier nicht davon abweichen, dass nur einer Herr über Leben und Tod ist: Gott. Das bedeutet im Übrigen auch, dass ich als Christ die Todesstrafe ebenfalls nicht akzeptieren kann. Auch hier war ein langer Umdenkprozess nötig, um zu dieser Einsicht zu gelangen. Denn noch vor wenigen Jahrzehnten waren selbst äußerst ernsthafte Christen und ethisch hoch stehende Menschen der Meinung, dass für sehr grausame Verbrechen die Todesstrafe sehr wohl gerechtfertigt wäre. Und in Amerika sind selbst die „liberalen" Politiker für die Todesstrafe.

Bei der Abtreibung sind die Verhältnisse etwas komplizierter. Ich persönlich kann mir nicht vorstellen, dass eine Frau sich leichtfertig zu einer Abtreibung entschließt. In aller Regel befinden sich solche Frauen in äußerst schwierigen Umständen und wenn sie sich für eine Abtreibung entscheiden, bleibt dies nur selten ohne psychische Folgen für die Frau. Es wäre unchristlich, das Leid solcher Frauen noch zu vermehren, indem man sie juristisch bestraft oder moralisch abstempelt. Dennoch würde ich niemals einer Frau zu einer Abtreibung raten. Vielmehr haben wir die Pflicht, alles zu unternehmen, damit eine schwangere Frau ihr Kind auch tatsächlich zur Welt bringen und ihm eine lebenswerte Umwelt bieten kann.

B.: Mir fällt ein Satz von Albert Schweitzer ein. Ich weiß nicht, ob ich ihn wirklich genau wiedergeben kann, aber sinngemäß spricht er davon, dass es Aufgabe des Christen sei, die "Ehrfurcht vor dem Leben" zu verstärken. Dabei denkt er an jegliches Leben, also auch an das der Tiere und selbst der Pflanzen. Ich bin fest überzeugt, dass es kein "lebensunwertes" Leben gibt. Hat ein Lebewesen das Licht der Welt erblickt, so deshalb, weil Gott es gewollt hat. Gott sagt zu jedem Wesen ein bedingungsloses, unwiderrufliches und daher ewiges Ja. Wozu aber Gott ja gesagt hat, dazu darf der Mensch nicht nein sagen.

... und schuf sie als Mann und Frau
Das siebente Gebot

Du sollst nicht ehebrechen

A.: Beim letzten Gebot – "Du sollst nicht töten" – waren wir uns einig, dass es höchst aktuell ist. Auch in unserer technisierten, säkularisierten Zeit besteht ein Konsens darüber, dass niemand das Recht hat, einen anderen Menschen zu töten. Zumindest was ein willkürliches Morden betrifft, gilt das wohl für die meisten Zeitgenossen.
Beim heutigen Gebot – "Du sollst nicht ehebrechen" – dürfte die Einigkeit keineswegs allgemein sein. Ich kann mir durchaus vorstellen, dass so mancher Mensch sagt: "In unserer Zeit ist dieses Gebot eigentlich überholt." Es würde mich interessieren, wie du darüber denkst.

B.: Damit hast du bestimmt Recht. Da die Ehe heute keine so große Bedeutung mehr hat wie in früheren Zeiten, verliert auch das Verbot des Ehebruchs an Bedeutung. In Europa gibt kaum noch ein Land, in dem Ehebruch als strafbare Tat gilt und gerichtlich verfolgt wird. In den islamischen Ländern ist das freilich noch anders, hier wird Ehebruch noch immer bestraft – zumeist mit dem Tode. Bei uns aber wird Ehebruch heute meistens nicht einmal mehr als Eheverfehlung betrachtet. Daher kann ich mir durchaus vorstellen, dass immer mehr Menschen sagen: "Was geht uns dieses sechste Gebot (denn diese Zählung ist uns halt in Fleisch und Blut übergegangen) heute noch an?"

A.: So ist es heute, doch früher war es ganz anders. Jahrhunderte lang galt die Ehe als die selbstverständlichste Sache der Welt. Dies ist auch in der Bibel so, mehr noch: in der Bibel spielt die Ehe eine ganz besondere, eine herausragende Rolle.

B.: Warum eigentlich?

A.: Im Wesentlichen aus zwei Gründen:
Zum einen ist die Ehe für die Bibel gleichsam das Paradigma einer vollen menschlichen Gemeinschaft. Das Verhältnis zwischen Mann und Frau wird als die Grundform jeglichen menschlichen Verhältnisses überhaupt angesehen. In der Bibel hat der Mensch zwei wesentliche Merkmale: die Gottebenbildlichkeit und die Mitmenschlichkeit. Im Schöpfungsbericht (1.Mos.1, 27) wird

berichtet, dass Gott den Menschen zu Seinem Bilde schuf. Weiters wird aber auch gesagt, dass Er die Menschen als Mann und Frau schuf. Der Mensch entfaltet sich also in der Beziehung zu Gott und zu den Mitmenschen. Heute ist es ja modern, den Menschen eher isoliert zu denken. Dementsprechend meint man, der Mensch müsse seine Selbstentfaltung in sich finden, müsse "in sich ruhen". Damit weiß die Bibel überhaupt nichts anzufangen, im Gegenteil – da heißt es ausdrücklich: *"Es ist nicht gut, dass der Mensch allein sei."* (1. Mos. 2,18). Wie wichtig die Mitmenschlichkeit ist, hat Karl Barth in seiner "Kirchlichen Dogmatik" gezeigt, wo er schreibt: *"Der Mensch ohne Mitmensch ist das Gespenst eines Menschen."* (KD III/4, S. 129).

Gleichzeitig zeigt Barth, dass im Sinne der Bibel die Beziehung zwischen Frau und Mann, also seine Geschlechtlichkeit, die Grundform menschlicher Beziehung, das Grundbild der Mitmenschlichkeit schlechthin ist. Der Mensch bestimmt sich ja aus den vielfältigsten Beziehungen und in verschiedenen sozialen Dimensionen: der Kultur, dem Volk, der gesellschaftlichen Schicht, der Religion und vieles anderes mehr. Ebenso definiert den Menschen aber auch sein Geschlecht. Noch einmal möchte ich Barth zitieren: *"Der Mensch existiert nie und nirgends als Mensch an sich, sondern immer und überall als der menschliche Mann oder als die menschliche Frau."* Die Grundlage jeglicher menschlicher Beziehung ist also die zwischen Frau und Mann – dies ist ein Grund für die herausragende Bedeutung der Ehe in der Bibel.

B.: Und welcher ist der zweite Grund? Du hast ja gesagt, dass es zwei Gründe gibt.

A.: Richtig. Der zweite Grund ist der, dass die Bibel in der Ehe ein Sinnbild für den Bund Israels mit Gott sieht. Vor allem die Propheten bedienen sich gerne dieses Bildes, um den Bund ihres Volkes mit Gott zu beschreiben, unter ihnen wieder vor allem der Prophet Hosea.

B.: Nun, das gilt für uns Christen ja wahrscheinlich nicht mehr.

A.: O doch! Auch Jesus gebraucht ja immer wieder den Vergleich mit der Ehe. So bezeichnete er sich selbst als "Bräutigam" (Mk. 2,18-22), als er gefragt wurde, weshalb seine Jünger nicht fasteten im Gegensatz zu denen des Johannes und der Pharisäer (*"Wie können die Hochzeitsgäste fasten, so lange der Bräutigam bei ihnen ist?"*) Auch vergleicht er das Reich Gottes oft mit einem Hochzeitsmahl (Mr. 22,1-14 u.a.). Später hat auch die Kirche sich als Braut Christi betrachtet und somit die Ehe als Abbild der Beziehung zu Gott dargestellt.

B.: So habe ich das noch gar nie gesehen. Aber nun möchte ich eine andere Frage stellen: welchen Zweck hat die Ehe in der Bibel eigentlich? Geht es ihr ausschließlich um die Zeugung von Nachkommenschaft oder hat die Sexualität eine eigenständige Berechtigung, unabhängig von der Frage der Nachkommenschaft?

A.: Die Bibel ist nicht sexualfeindlich. Die Leib-, Lust- und Sexualfeindlichkeit, die sich im Laufe der Jahrhunderte in die Christenheit eingeschlichen hat, ist nicht biblisch fundiert. Sie ist vielmehr auf den Einfluss der hellenistischen, vor allem neuplatonischen Philosophie zurückzuführen. Die Bibel ist sogar sehr sinnenfreudig. Schau dir einmal das Hohelied im Alten Testament an, das ist wahrlich ein Lobgesang auf die sinnliche, geschlechtliche Liebe zwischen Mann und Frau.

B.: Ich erinnere mich, im Religionsunterricht gehört zu haben, dass das Hohelied als Allegorie aufzufassen sei, als Bild, das die Beziehung zwischen Gott und Israel bzw. zwischen Christus und der Kirche beschreibt.

A.: Das ist ein typisches Beispiel einer solchen neuplatonischen Bibelauslegung, wie sie sich im Laufe der Jahrhunderte gerade für alle die Sexualität betreffenden Bibeltexte eingebürgert hat. Aber das ist völlig falsch, oder richtiger: einseitig. Völlig falsch ist eine solche Auslegung insofern nicht, als das Hohelied natürlich auch die Beziehung zwischen Gott und Israel bzw. zwischen Gott und Christenheit beschreibt. Die Betonung liegt aber auf dem Wörtchen "auch". Denn ursprünglich und hauptsächlich geht es darum, die Liebe zwischen Frau und Mann als eine wunderbare Gabe des Schöpfers zu preisen. Dass die Beziehung zwischen Mann und Frau in all ihren Aspekten, also auch dem geschlechtlichen, der Grundtyp jeglicher menschlicher Beziehung ist, habe ich ja schon gesagt. Es geht also um die Liebe zwischen Mann und Frau und zwar – das wird jetzt überraschen – unabhängig von der Ehe.

B.: Tatsächlich? Das überrascht aber wirklich. Ist es denn nicht allgemein verbindliche christliche Lehre, dass Sex nur in der Ehe erlaubt ist und auch da nur zum Zwecke der Zeugung von Kindern?

A.: Also das ist doch eine sehr veraltete Sexuallehre, die auch unter gläubigen Christen kaum mehr so akzeptiert wird. Unter den Evangelischen ist es heute nicht einmal mehr Kirchenlehre. Die römisch-katholische Kirche freilich denkt im Grunde nach wie vor so. Doch das ist keineswegs biblisch gedacht. Gerade das Hohelied zeigt den hohen Stellenwert, den die Bibel der geschlechtlichen Beziehung zwischen Frau und Mann beimisst. Nirgends in diesem Text ist auch nur der geringste Hinweis enthalten, dass es sich bei den beiden Menschen um ein Ehepaar handelt. Da preist ein junger Mann die Schönheit seiner Freundin, während eine junge Frau ihre Sehnsucht nach dem Geliebten ausdrückt – von der Ehe ist da keine Rede. Sehr wohl aber von Liebe. Und genau das ist ja das Schöne an diesem Bibeltext, dass er die Liebe zwischen Mann und Frau ganzheitlich sieht, als eine Liebe, die den (die) andere(n) als Person annimmt und das heißt: menschlich, seelisch, geistig, aber eben auch und nicht zuletzt körperlich, geschlechtlich.

B.: Gut und schön. Aber ist Sex nun nur in der Ehe erlaubt, oder auch außerhalb? Und wird die Sexualität nur durch die Zeugung von Kindern gerechtfertigt oder nicht?

A.: Tatsächlich hat man in früheren Jahrhunderten die Sexualität oft als eine schmutzige Angelegenheit gesehen, die durch die Zeugung von Nachkommenschaft gleichsam gereinigt wurde. Die Sexualität war sozusagen ein notwendiges Übel, aber eben ein Übel – besser war es, sich davon fernzuhalten.

Heute denken wir anders, auch als Christen. Die entscheidende Frage lautet nicht: ist Sex nur in der Ehe erlaubt? Entscheidend ist meines Erachtens vielmehr, dass Sex Teil einer ganzheitlichen, personalen Beziehung ist. Wo der Partner (die Partnerin) als Person angenommen wird, dort hat Sexualität ihren Platz. Wo aber die Partnerin (der Partner) ausschließlich zum Objekt der sexuellen Begierde gemacht wird, dort ist sie im Grunde menschenunwürdig. Dabei ist es meines Erachtens nebensächlich, ob die beiden Menschen verheiratet sind oder nicht. Anders sieht es natürlich mit Sex neben einer Ehe aus – da haben wir es mit Ehebruch zu tun und den verbietet dieses Gebot ja.

Was die Frage der Nachkommenschaft betrifft: Sexualität auf die Zeugung derselben zu reduzieren, wäre eine Verarmung der Geschlechtlichkeit. Ich denke, dass Sexualität an sich sehr wohl ein Daseinsrecht hat und vom Schöpfer als solche gewollt ist. Andrerseits sollte nie vergessen werden, dass Sexualität eben auch zur Entstehung von Nachkommenschaft führt. Menschliche Sexualität sollte daher grundsätzlich offen sein für Nachkommenschaft, was Familienplanung nicht ausschließt, sondern im Gegenteil geradezu bedingt. Das Großartige der Liebe, auch der geschlechtlichen, ist ja, dass sie stets etwas Neues zeugt. Wenn zwei Menschen einander lieben, entsteht etwas, das vorher nicht da war. Man könnte es auch in der anscheinend absurden Formel ausdrücken: $1 + 1 = 3$.

B.: Aus dem eben Besprochenen glaube ich, eine Relativierung der Ehe herauszuhören, so als ob die Ehe keineswegs die einzige von der Bibel propagierte Lebensform wäre, obwohl du eingangs doch gesagt hast, dass sie für die Bibel eine herausragende Bedeutung hat. Sind auch andere Lebensformen biblisch betrachtet denkbar?

A.: Grundsätzlich hat die Bibel sehr wohl eine Priorität für die Ehe. Sie wird als die wünschenswerteste Form des Zusammenlebens von Mann und Frau betrachtet. Andrerseits zeigt uns die Bibel, vor allem das Alte Testament, dass die Ehe im Laufe der Zeit Wandlungen durchlaufen hat. So war im Zeitalter der Patriarchen die Polygamie gang und gäbe, zu Jesu Zeiten jedoch war bereits die Einehe die Normalform. Andrerseits ist beim Hohelied – wie bereits gezeigt – von Ehe überhaupt keine Rede. Außerdem sei einmal die Frage gestellt, ob Adam und Eva überhaupt verheiratet waren?

Im Neuen Testament gibt es Stellen, die auf eine Idealisierung der Ehelosigkeit hinzudeuten scheinen (z.B. Mt. 19, 10 f. oder auch bei Paulus). Diese Texte werden von der römisch-katholischen Kirche häufig als biblische Begründung für den Zölibat gedeutet, was jedoch nicht statthaft ist. Denn erstens wird nirgendwo die Ehelosigkeit zur Voraussetzung für die Ausübung bestimmter Ämter oder Dienste gemacht. Zweitens sollten wir nicht vergessen, dass die Menschen zu Jesu und auch noch zu Paulus' Zeiten in der so genannten Naherwartung lebten. Das heißt, sie erwarteten das unmittelbar bevorstehende Ende der Welt und den Anbruch des irdischen Gottesreiches. In einer solchen Situation aber lohnt es sich gar nicht mehr, zu heiraten und eine Familie zu gründen.

B.: Nun möchte ich noch wissen, wie es mit der Ehescheidung aussieht.

A.: Zu Jesu Zeiten wurde unter den Schriftgelehrten über diese Frage sehr viel diskutiert. Ausgehend von den Bestimmungen im Buch Deuteronomium (5. Mose 24, 1- 5) haben sich zwei Denkschulen herausgebildet. Die eine, die des Schammai, sagte: Ein Mann habe das Recht, sich jederzeit von seiner Frau zu scheiden, wenn ihm irgendetwas an ihr – und sei es das Geringste – nicht gefällt. Die Richtung des Hillel hingegen vertrat die Auffassung, dass eine Ehescheidung nur in ganz wenigen Fällen (Ehebruch, andauernde Verweigerung der ehelichen Pflichten) berechtigt sei. Im Falle der Scheidung hatte der Ehemann der Frau einen Scheidebrief auszustellen, in dem der Grund der Scheidung angegeben war. Allerdings erlangte dieser erst in dem Moment rechtliche Verbindlichkeit, in dem die Frau ihn akzeptierte. Die Frau war dem Mann also keineswegs völlig hilflos ausgeliefert, wie das häufig dargestellt wird. Überdies ging die gesellschaftliche Tendenz zu Jesu Zeit eindeutig in die Richtung, Scheidungen so weit wie möglich zu vermeiden. In jedem Fall wurde Ehescheidung als großes Unglück angesehen.

Jesus verschärft diese Meinung noch, indem er nur einen einzigen Scheidungsgrund zulässt: Ehebruch.

B.: Die Haltung der katholischen Kirche, die Scheidung in keinem Fall erlaubt, ist demnach durch die Bibel, durch das Neue Testament also gar nicht gedeckt.

A.: Zumindest was den Ehebruch angeht. Auch Luther hat in diesem Fall die Scheidung zugelassen. Grundsätzlich jedoch ist die Ehe eine Lebensgemeinschaft, die stets auf Lebenszeit ausgerichtet sein soll – darüber sind sich alle christlichen Kirchen einig. Die Scheidung sollte daher wirklich nur der allerletzte Ausweg sein.

B.: Besteht die Verpflichtung zur sexuellen Treue auch für nichteheliche Beziehungen?

A.: Ich meine schon. Übrigens würde ich da gar nicht von Pflicht sprechen. Ich denke, wenn zwei Menschen sich entschlossen haben, ihr Leben miteinander zu teilen, dann ist es selbstverständlich, einander treu zu sein, auch auf dem Gebiet der Sexualität. Ich finde es bedenklich, dass heute mit diesen Fragen so locker umgegangen wird, dass z.B. das Wort Ehebruch vermieden und stattdessen vom Seitensprung oder Fremdgehen gesprochen wird. Es ist wichtig, sich folgendes klarzumachen: wo ein Partner den anderen betrügt, da wird eine Beziehung zerbrochen. Daher wäre es für die heutige Zeit vielleicht besser, das Gebot so umzuformulieren: Du sollst keine Beziehung zerbrechen. Freilich sollte nie vergessen werden, dass der sexuell vollzogene Ehebruch in der Regel nicht der Anfang, sondern vielmehr der Schlusspunkt einer sich lange vorbereitenden Beziehungskrise ist. Wenn wir heute in den geschlechtlichen Beziehungen freier geworden sind und uns weniger reglementieren lassen als dies früher der Fall war, sollten wir Christen dies keineswegs als Ausdruck eines allgemeinen sittlichen Verfalls ansehen. Vielmehr besteht gerade darin die Chance, unsere Beziehungen bewusster zu gestalten.

B.: In der Bergpredigt sagt Jesus: Du brichst die Ehe nicht erst, wenn du mit einer anderen Frau (einem anderen Mann) ins Bett gehst, sondern bereits, wenn du sie (ihn) begehrlich ansiehst. Das ist schon ein bisschen streng, ich meine: hinschauen wird man doch wohl noch dürfen. Wie ist das also zu verstehen?

A.: Bestimmt ist diese Aussage nicht so gemeint, dass ein Mann beim Anblick einer schönen Frau verkrampft wegschauen oder die Augen schließen soll, um nur ja nicht auf schlimme Gedanken zu kommen. Wir dürfen nicht vergessen, dass Jesus in der Bergpredigt die Thora, das jüdische Gesetz, keineswegs abschafft, sondern im

Gegenteil eher radikalisiert – wie z.B. auch beim Tötungsverbot. Dasselbe tut er auch hier beim Ehebruch. Er will uns klar machen, dass jeder Ehebruch – wie übrigens jede schlimme Tat – immer im Kopf, mit unseren Gedanken beginnt. Daher will uns Jesus gerade mit dieser Aussage zu einem ehrlicheren Umgang mit uns selbst, unseren Gedanken und Gefühlen aufrufen. Er will uns sagen: „Versuche, dir über deine Empfindungen und Gefühle klar zu werden. Verdränge nicht die Tatsache, dass du ein verführbares Wesen bist. Wenn du dir all dieser Dinge bewusst bist, wirst du eher in der Lage sein, eine gelingende Beziehung zu führen". Genau das will aber Jesus. Und genau das sollte auch unser Auftrag sein: zu trachten, dass das Leben sinnvoll ist, und die Beziehung zwischen Frau und Mann gelingt.

Der Mensch ist frei geboren
Das achte Gebot

Du sollst nicht stehlen

B.: Wie die beiden vorhergehenden Gebote ist auch dieses ganz kurz gefasst. Es sagt uns in einem knappen Satz, was wir nicht tun sollen: jemandem sein Eigentum wegnehmen. Da gibt's eigentlich nicht viel zu sagen, das leuchtet unmittelbar ein. Auch und gerade in unserer Zeit, in der Eigentumsdelikte immer häufiger vorkommen.

A.: Ganz so einfach ist es mit diesem Gebot dennoch nicht. Auch hier habe ich zunächst eine Überraschung.

B.: Welche?

A.: Beim achten Gebot geht es nämlich primär gar nicht um Eigentum. Dieses Gebot betrifft vielmehr den Menschenraub.

B.: Das ist mir wirklich neu. Wieso haben wir im Religionsunterricht nie davon erfahren? Auch die meisten populär-theologischen Bücher, die ich gelesen habe, haben im Zusammenhang mit diesem Gebot stets vom Eigentum gesprochen. Wie konnte in Vergessenheit geraten, dass es ursprünglich um Menschenraub ging?

A.: Vergessen wurde dies nur in der Christenheit. Die jüdische Bibelauslegung hat sich stets daran erinnert. So heißt es im Talmudtraktat Sanhedrin 86a: "*Unsere Meister lehrten: Du sollst nicht stehlen! Die Schrift redet hier über einen Menschendieb.*" [7]Da die Juden Jahrhunderte lang unfrei waren und im Ghetto leben mussten, haben sie ein viel feineres Gespür für die Unfreiheit des Menschen bewahrt als die Christenheit, die zur herrschenden Religion geworden ist und sich in der bürgerlichen Gesellschaft ganz gut eingelebt hat. In dieser aber spielt das Eigentum eine zentrale Rolle. Klar, dass dieses Gebot daher ausschließlich im Sinne eines Eigentumdelikts verstanden wurde.

---

[7] Der Babylonische Talmud, Bd IX, Frankfurt/Main, S. 8

B.: Trotzdem begreife ich nicht wirklich, weshalb die Bibel überhaupt Menschenraub im Sinn hat und nicht das materielle Eigentum. Bitte, erklär mir das.

A.: Gerne. Im Altertum war Sklaverei gang und gäbe. Dass es eine Gesellschaft ohne Sklaven geben könnte, war schier unvorstellbar. Wie aber wurde das große Heer der Sklaven rekrutiert? Eine Hauptquelle waren Kriege. Wer in Kriegsgefangenschaft geriet, wurde automatisch zum Sklaven. Weiters war da die Schuldsklaverei. Konnte jemand seine Schulden nicht zurückzahlen, musste er - meistens auch seine Familie - seinem Gläubiger Sklavendienste leisten. Und verschuldet waren damals weite Schichten der Bevölkerung, insbesondere auf dem Land. Schließlich gab es noch eine dritte Möglichkeit, Sklaven zu rekrutieren und diese war eben der Menschenraub. Insbesondere im Vorderen Orient, der über weite Strecken aus menschenleeren oder äußerst dünn besiedelten Wüsten und Steppen besteht, gab es Banden von Sklavenhändlern, die Hirten auf der Weide überfielen und verschleppten. Aber auch ehrbare Kaufleute, die mit ihrer Karawane durch die Gegend zogen, kauften von Zeit zu Zeit einen Menschen und verkauften ihn in der nächsten Stadt. Die Bibel nennt uns ja selbst ein Beispiel eines solchen Sklavenhandels – Josef, den seine Brüder nach Ägypten verkauften. Nun gilt aber Josef als Stammväter jener Hebräer, die Jahrhunderte lang in Ägypten Sklavendienste leisten mussten und die Gott aus dieser Knechtschaft befreite. Gerade weil die Israeliten selbst Sklaven waren, sollten sie eine Gesellschaft ohne Sklaven werden.

B.: Was sie in der Realität freilich nicht geworden sind. Denn auch das alte Israel kannte doch die Sklaverei.

A.: Das stimmt. Allerdings wurde die Sklaverei grundsätzlich als ein Übel betrachtet, das möglichst überwunden werden sollte. Die Tendenz des Alten Testaments geht jedenfalls eindeutig in die Richtung, die Sklaverei abzuschaffen bzw., wo dies nicht möglich ist, das Sklavendasein so kurz und so "angenehm" wie möglich zu machen. Daher kennt die Bibel jede Menge von Schutzbestimmungen für Sklaven, während sie an keiner einzigen Stelle von den Besitzrechten der Sklavenhalter spricht. Darin ist Israel im Vorderen Orient und der ganzen antiken Gesellschaft einmalig, denn die kennt so gut wie keine Schutzbestimmungen Im Gegenteil: in der griechischen und römischen Gesellschaft wurden Sklaven als Sache (lateinisch: res) betrachtet, mit der der Besitzer tun konnte, was ihm beliebte. In Israel war das anders, was ja auch im Ruhegebot des Sabbats zum Ausdruck kommt, das ausdrücklich auch für Sklaven gilt. Lediglich der babylonische Herrscher

Hammurabi hat auch Schutzbestimmungen für Sklaven erlassen, die in ihrem Umfang jedoch an die der Bibel nicht heranreichen.

B.: Wie steht eigentlich das Neue Testament zur Sklaverei?

A.: Nach dem Neuen Testament sind durch Christus alle Unterschiede zwischen Menschen aufgehoben: die des Geschlechts, die der Nation und auch die sozialen. So heißt es beispielsweise im Galater-Brief des Apostels Paulus: "*Hier ist nicht Jude noch Grieche, hier ist nicht Sklave noch Freier, hier ist nicht Mann noch Frau; denn ihr seid allesamt einer in Christus Jesus.*" (Gal.3,28)

In den alten christlichen Gemeinden gab es tatsächlich kaum soziale Unterschiede, hier verkehrten Sklaven und Freie gleichermaßen miteinander. Im Philemon-Brief macht Paulus einen Sklavenbesitzer namens Philemon darauf aufmerksam, dass auch er einen Herrn hat, nämlich Gott und bittet ihn, seinen entlaufenen Sklaven Onesimus, der so wie er Christ ist, nicht zu bestrafen, sondern brüderlich aufzunehmen. Onesimus wird seinerseits ermahnt, auch weiter seinen Dienst als Sklave des Philemon zu versehen.

B.: Aber warum hat Paulus den Philemon nicht aufgefordert, Onesimus in die Freiheit zu entlassen? Das wäre doch die logische Konsequenz dessen, was er im Galater-Brief geschrieben hat?

A.: Diese Frage kann nur mit der Naherwartung der ersten christlichen Gemeinden erklärt werden. Diese glaubten nämlich, dass die Wiederkunft Christi unmittelbar bevorstünde. Daran glaubten sie so fest, dass sie jeden Morgen mit dem Gedanken aufwachten: Heute könnte Christus wiederkommen und sein Reich auf Erden errichten. Vor diesem Hintergrund aber verloren alle sozialen Verhältnisse ihre Bedeutung. Im Grunde sind sie durch den Glauben an Christus sowieso überwunden, dass sie äußerlich weiter bestehen hat daher nichts zu bedeuten. Wenn der Tag der Wiederkunft Christi ohnehin unmittelbar bevorsteht, weshalb sollte man sich dann noch die Mühen eines gesellschaftlichen Umsturzes machen?

B.: So waren die ersten Christen theoretisch revolutionär, in der Praxis aber konservativ, was aus ihrer Situation heraus verständlich sein mag. Aber für die weitere gesellschaftliche Entwicklung hat sich das meiner Meinung nach schon verhängnisvoll ausgewirkt. Denn in späteren Jahrhunderten hat es ja auch in den christlichen Ländern Sklaven gegeben.

A.: Das ist eine traurige Wahrheit. Vor allem im Zuge der großen Entdeckungen der Neuzeit ist eine spezifische Form der Sklaverei entstanden. Sie betraf zunächst die Indianer Amerikas, die, soweit sie nicht ausgerottet wurden, in die Sklaverei gezwungen wurden. Dann aber auch die bis ins 19. Jahrhunderte andauernde Sklaverei in den Südstaaten der USA: Eigentlich muss man aber auch die Apartheid, die bis vor wenigen Jahren in Südafrika herrschte, als Form von Sklaverei betrachten.

Nun muss aber auch gesagt werden, dass die Sklaverei und der Sklavenhandel niemals von der Kirche organisiert wurden. Es waren staatliche Institutionen – wie in Spanien – sowie auf ihren Profit bedachte Privatpersonen, die den Sklavenhandel betrieben. Immer wieder haben Geistliche auch gegen die Sklaverei protestiert, wie der spanische Dominikanermönch Bartolome de las Casas. Allerdings wurden solche Proteste leider nur relativ selten laut, dafür wurde die Sklaverei oft theologisch gerechtfertigt.

B.: Zum Glück gibt es heute keine Sklaverei mehr. Zumindest in den Ländern des so genannten christlichen Abendlandes. Daher stellt sich die Frage: welche Bedeutung kann ein Gebot, das den Menschenraub verbietet, in unserer Zeit noch haben?

A.: Gott sei Dank ist die Sklaverei überwunden. Und dennoch sollten wir weiter fragen, ob die Sklaverei in anderer, vielleicht subtilerer Form nicht weiter existiert.

Ich denke da an die verschiedenen Zwänge, denen wir heute ausgeliefert sind und die beinahe sklavenartigen Charakter haben. Schauen wir uns nur moderne Arbeitsverhältnisse an. Da gehen immer mehr Unternehmer dazu über, ihren Mitarbeitern die Einteilung der Arbeitszeit frei zu stellen. Das schaut im ersten Moment höchst human aus, ist es aber bei genauerem Hinsehen keineswegs. Denn an diese Mitarbeiter werden solche Erwartungen gestellt, die sie innerhalb der bei uns üblichen 40-Stunden-Woche niemals erfüllen können. Sie müssen daher wesentlich mehr und länger arbeiten, ohne diese Mehrarbeit bezahlt zu bekommen. All dies wird mit schön klingenden Ausdrücken wie flexible Arbeitszeit oder Job-sharing und ähnliches bemäntelt. Das Heimtückische daran ist, dass dies als Sklaverei nicht erkennbar ist, weil jeder/jede Mitarbeiter/in sich ja freiwillig dazu entschließt. Da er/sie in der Regel jedoch keine andere Wahl hat, muss er/sie sich diesem Druck beugen. Wenn das nicht eine Form von Sklaverei ist?

B.: Das stimmt schon. Ich würde sogar noch weiter gehen und sagen: nicht nur in der Arbeitszeit gibt es Formen der Sklaverei, sondern sogar in der Freizeit. Hinter dem Freizeit- und Konsumverhalten des modernen Menschen steckt doch ungeheuer viel Zwang, der auch durch die Werbung ausgeübt wird.

A.: So ist es. Aber die Sklaverei geht noch tiefer. Denken wir nur daran, dass uns gewisse Verhaltensweisen förmlich aufgezwungen werden. So führt uns z.B. die Werbung als gesellschaftliches Idealbild den jungen, sportlichen, gesunden leistungs- und genussfähigen Menschen vor. Die Menschen versuchen oft unter großen Anstrengungen, diesem Ideal zu entsprechen und müssen bisweilen einen hohen Preis dafür bezahlen.

B.: Darüber hinaus führt das auch zu einer Abwertung des alten, schwachen, kranken, nicht leistungsfähigen Menschen. Irgendwie hast du ja Recht – und trotzdem möchte ich auf die Frage des Eigentums zurückkommen. Ich kann mir einfach nicht vorstellen, dass dieses Gebot damit überhaupt nichts zu tun haben sollte.

A.: Doch, denn es gibt ja ein Gebot, das sich mit dem Eigentum beschäftigt: das letzte, das zehnte Gebot, in dem es heißt: Du sollst nicht begehren deines Nächsten Haus, Weib und was ihm sonst noch gehört. Hier geht es ums Eigentum, denn das Stehlen ist ja die logische Folge des Begehrens.

B.: Andrerseits kann aber auch Eigentum versklaven. Spricht die Bibel davon?

A.: Vielleicht nicht ausdrücklich, indirekt aber schon. Vor allem Jesus spricht an mehreren Stellen davon, wie sehr Eigentum sowohl von Gott als auch vom Mitmenschen ablenkt. Denk nur an die Weherufe gegen die Reichen im Lukas-Evangelium (Lk. 6,24 f). Oder an das Gleichnis vom reichen Mann und dem armen Lazarus (Lk. 16,19 – 31). Schließlich an die Geschichte vom reichen Jüngling (Lk. 18,18 – 27), wo es heißt, dass ein Kamel eher durch ein Nadelöhr geht, als dass ein Reicher in das Reich Gottes kommt.

Andrerseits verurteilt die Bibel Besitz und Eigentum an sich nicht. Vielmehr werden sie als notwendige Voraussetzungen zur Existenzsicherung angesehen. Wo aber Eigentum über diese Existenzsicherung hinaus dazu missbraucht wird, Macht über andere Menschen auszuüben, da wird es gefährlich und steht es im Widerspruch zum Geist der Bibel.

Eine Sache der Ehre
Das neunte Gebot

Du sollst nicht falsch Zeugnis reden wider deinen Nächsten

B.: Ich habe mich schon damit abgefunden, dass die Zehn Gebote, so wie wir sie im Religionsunterricht gelernt haben, nicht deckungsgleich sind mit dem Wortlaut der Bibel. Auch bei diesem Gebot ist das so. Wir haben nämlich gelernt, dass es so lautet: "Du sollst nicht lügen". Nun sagst du, es lautet: "Du sollst nicht falsch Zeugnis reden". Abgesehen von der altertümlichen Sprache bedeutet es dem Sinn nach doch wohl so viel wie "Du sollst nicht lügen", nicht wahr?

A.: Ganz so einfach ist das nicht. Dieses Gebot spricht – so wie Gottes Wort immer – in eine konkrete menschliche und gesellschaftliche Situation. Drum heißt es ja nicht nur: "Du sollst nicht falsch Zeugnis reden", sondern wird ergänzt durch den Zusatz: "wider deinen Nächsten." Es wird also eine konkrete Beziehungssituation angegeben und die ist in diesem Fall die Prozesssituation.

B.: Wie ist das zu verstehen?

A.: Nun, es spielt auf die Situation vor Gericht an. Ein Mensch ist angeklagt, wird eines Verbrechens beschuldigt oder hat einen Rechtsstreit mit seinem Nachbarn. Im alten israelitischen Recht galt der Grundsatz, dass ein Mensch erst dann verurteilt werden konnte, wenn seine Schuld durch mindestens zwei Zeugen bestätigt wurde. Nur dann galt seine Schuld als eindeutig erwiesen und nur dann konnte er verurteilt werden.

B.: Das heißt aber natürlich auch, dass den Zeugen ein hohes Maß an Verantwortung zukam. Denn von ihrer Aussage hing es letztlich ab, ob ein Mensch verurteilt wurde oder nicht.

A.: Genau so ist es. Und wenn wir uns weiter vor Augen halten, dass im antiken Strafrecht – wie Du ja selbst festgestellt hast – die Todesstrafe sehr häufig angedroht wird, wird die Verantwortung der Zeugen noch größer. Sie hatten im wahrsten Sinne des Wortes über Tod und Leben zu entscheiden.

Nun geht es unter Menschen bekanntlich nicht immer ehrlich und anständig zu. Immer wieder versuchen Menschen, anderen Schaden zuzufügen und dabei gehen sie oft keineswegs zimperlich vor. Oft scheuen sie nicht davor zurück, anderen Menschen Straftaten vorzuwerfen, die diese nicht begangen haben. Gerade in einer

Rechtsordnung wie der des alten Israels, in der die Zeugen eine so große Bedeutung hatten, war die Versuchung, durch Bestechung zu falschen Aussagen zu kommen, natürlich groß. Eben das soll dieses Gebot verhindern.

B.: Gab es im alten Israel tatsächlich so viele Streitfälle, dass ein göttliches Gebot den Missbrauch des Zeugenstandes verhindern musste?

A.: Ob die Israeliten häufiger als andere Völker Prozesse führten, weiß ich nicht. Aber natürlich spielten sie im Leben des Volkes eine große Rolle. Bei Gericht konnten in den antiken Gesellschaften nur die freien Bürger männlichen Geschlechts als Zeugen auftreten. In einer freien Gesellschaft, wie Israel sie sein wollte, musste jedem die Möglichkeit, sein Recht durchzusetzen, offen stehen. Ursprünglich gab es keine eigenen Gerichtsgebäude, sondern die Richter saßen im Stadttor und sprachen dort Recht.

B.: Damit hätten wir wieder ein bisschen Geschichte gelernt. Aber was hat das mir heute zu sagen? Sollte sich dieses Gebot auch heute bloß auf eine Gerichtssituation beziehen, wäre es für den Alltag doch ziemlich bedeutungslos.

A.: So würde ich das keineswegs sehen. Erstens kann es auch jeder von uns relativ schnell und unversehens in die Lage kommen, dass er oder sie als Zeuge vor Gericht aussagen muss. Und dann muss für einen Christen klar sein, dass er niemals falsch aussagen darf. Das ist so etwas wie eine personalethische Pflicht.

Darüber hinaus haben wir als Christen aber auch noch eine sozialethische Verpflichtung. Das heißt: Wir müssen uns dafür einsetzen, dass das gesamte Straf- und Prozessrecht ausschließlich auf Wahrheitsfindung ausgerichtet ist und niemals anderen Überlegungen unterworfen werden darf.

B.: Das sollte eigentlich selbstverständlich sein und zwar nicht nur für Christen. Andrerseits kann ich mir nicht vorstellen, dass der Sinn dieses Gebotes auf eine Gerichtssituation beschränkt bleiben sollte. Schließlich ist das Leben doch kein nie endender Rechtsstreit.

A.: Bist du sicher? Ich glaube eher, dass es sehr wohl so ist. Unser ganzes Leben hat   Prozesscharakter. Wir werden doch ständig beurteilt, nicht selten auch verurteilt. Von unseren Freunden und Kollegen, Verwandten und Nachbarn, aber auch von Leuten, denen wir zufällig begegnen. Aber auch wir selbst urteilen andauernd über andere Menschen, auch wenn uns das gar nicht wirklich bewusst wird. Und da wird leider oft äußerst schlampig umgegangen mit der Wahrhaftigkeit – da werden subjektive Empfindungen zu objektiven

Tatsachen umgemodelt, da werden Gerüchte aus zweiter und dritter Hand so dargestellt, als wäre man selbst dabei gewesen, da wird sehr rasch mit Urteilen und Verurteilungen umgegangen, selbst wenn sich später herausstellen sollte, dass alles aus der Luft gegriffen war. Aber ist ein Mensch einmal angepatzt, bringt er das kaum je wieder weg. Schon die alten Römer sagten: Aliquid semper haeret – irgendetwas bleibt immer hängen. Das sollten wir bedenken, wenn wir über andere Menschen reden.

Daher rät uns Luther in seinem Großen Katechismus bezüglich dieses Gebotes: *"Ebenso sollten wir alle untereinander das, was an unserem Nächsten nicht ehrbar und mangelhaft ist, mit etwas Schmückendem bedecken und mit allem, was wir können, zu seiner Ehre dienen, helfen und förderlich sein, und umgekehrt alles abwehren, was ihm zur Unehre gereichen kann. Und im besonderen ist es eine feine, edle Tugend, wenn einer alles, was er von seinem Nächsten reden hört (sofern es nicht öffentlich bekanntes Böses ist), freundlich auslegen und zu besten deuten oder wenigstens es ihm zuguthalten kann."*

Was Luther hier fordert, ist folgendes: wenn wir schon über andere reden, dann sollten wir uns von Gnade und Barmherzigkeit leiten lassen.

B.: Das ist natürlich gut und schön. Auf der anderen Seite sagt aber Jesus: *"Richtet nicht, damit ihr nicht gerichtet werdet"* (Mt. 7,1). Er fordert uns also auf, über das von Luther Verlangte noch hinauszugehen.

A.: Jesus macht auch hier das, was er auch sonst immer tut: er radikalisiert das Gesetz. Das heißt: er geht dem einzelnen Gebot an die Wurzel. Und bei diesem Gebot kann das nur heißen: Wenn du die Gerichtssituation wirklich ernst nimmst, dann musst du auf die Richterrolle eigentlich verzichten. Denn – so sagt er ja weiter -: *"Mit dem Maß, mit dem ihr richtet, werdet auch ihr gerichtet werden"*. Der atheistische französische Schriftsteller Albert Camus hat das genau erkannt und in seiner Erzählung "Der Fall" so ausgedrückt: *"Einmal in der menschlichen Geschichte ist dieser Teufelskreislauf von Anklage und Verteidigung, von Urteilen und Entblößen unterbrochen worden, nämlich durch Jesus."*

B.: Das gefällt mir. Ich würde sogar behaupten, dass gerade dieser – wie Camus es zu Recht nennt – Teufelskreislauf des Urteilens erst zur Lüge und Unwahrhaftigkeit nötigt. Denn wenn ein Mensch angeklagt wird, muss er sich natürlich verteidigen, d.h. er muss Rechtfertigungsgründe für sein Verhalten vorbringen. Aber da beginnt schon die Lüge, denn wenn er weiß, dass er schlecht gehandelt hat, sein Verhalten aber trotzdem verteidigt, muss er notgedrungen lügen. Jeder Versuch, sich zu rechtfertigen, muss demnach zur Lüge werden.

A.: Das ist freilich eine sehr radikale Aussage, aber ich gebe zu: da ist was dran. Allerdings wird nicht nur der Angeklagte zur Lüge gezwungen, sondern auch der Kläger. Denn im Grunde müsste er wissen, dass er gar kein Recht zum Richten hat – ethisch gesprochen. Denn niemand ist von Schuld und Sünde frei. Sagt nicht Jesus in der Situation mit der Ehebrecherin: "*Wer ohne Schuld ist, werfe den ersten Stein*".

B.: Trotzdem muss ich noch nach der Rolle der Wahrheit fragen. Jesus sagt ja auch: "*Die Wahrheit wird euch frei machen*". (Joh. 8,32)

A.: Weil du das Johannes-Evangelium zitierst, möchte ich ebenfalls eine Stelle aus dem vierten Evangelium anführen. Als Jesus gefangen genommen und vor Pilatus geführt wird, sagt er: "*Ich bin dazu gekommen, dass ich die Wahrheit bezeugen soll*". (Joh. 18,37). Pilatus stellt ihm darauf die berühmte Frage: "*Was ist Wahrheit?*" Interessant ist nun Jesu Antwort: er schweigt. Warum eigentlich? Weil zwischen dem Wahrheitsverständnis des Pilatus und dem von Jesus ein grundlegender Unterschied besteht. Pilatus als hellenistisch gebildeter Römer denkt weitgehend abstrakt. Daher bedeutet Wahrheit – „aletheia" heißt sie auf Griechisch – für ihn etwas anderes als für den Juden Jesus. Im hebräischen Wort für Wahrheit – „emeth" – schwingen nämlich Begriffe wie "Verlässlichkeit, Beständigkeit, Treue" mit. Und das zeigt, dass der hebräische Wahrheitsbegriff niemals abstrakt-philosophisch, sondern stets konkret, situationsbezogen, besser: beziehungsbezogen ist. Wahrheit wird immer in eine konkrete Situation und in eine konkrete Beziehung hinein gesprochen. Sie lebt auch immer aus einer solchen Situation und Beziehung, entfaltet und verwirklicht sich in ihr. Wahrheit ist immer konkret, das bedeutet aber auch: sie ist immer unter Berücksichtigung der betroffenen Mitmenschen zu suchen und zu bezeugen.

B.: Nun kenne ich jemanden, der von sich selbst behauptet, ein Wahrheitsfanatiker zu sein. "Ich sage immer die nackte Wahrheit" – verkündet er nicht ohne Stolz und weiter: "Mir ist es wurscht, wie andere darauf reagieren, ob sie beleidigt sind oder schockiert." Was hältst du davon?

A.: Gar nichts. Im Grund ist dieser Kerl ja ziemlich hochmütig, wenn er behauptet, immer die Wahrheit zu sagen. Wer kann denn das allen Ernstes von sich behaupten? Aber es geht noch weiter: Wie kann er hundertprozentig sicher sein, dass seine Meinung, seine Sicht der Dinge **die** Wahrheit ist? Das grenzt ja schon an Blasphemie, denn **die** Wahrheit ist allein Gott.

Aber es geht noch um etwas Anderes, nämlich um die Würde des Mitmenschen und die muss stets oberste Priorität haben. Diese

Würde verpflichtet mich, die Wahrheit im Geist der Liebe zu sprechen. Wenn ich z.b. jemanden kritisiere, auf ein Fehlverhalten hinweise, soll ich das nicht verletzend tun, nicht in der Absicht, den anderen klein zu machen. Vielmehr sollte ich von dem Bemühen, dem anderen zu helfen, sich weiterzuentwickeln, getragen sein.

B.: Die Wahrheit sollte also stets im Geist der Liebe gesagt werden. Das kann aber unter Umständen bedeuten, dass eine Wahrheit nicht ausgesprochen wird, wenn sie ein anderer Mensch nicht ertragen könnte. Ich denke da z.B. an jene tragischen Situationen, wo Ärzte todkranken Patienten über ihren wahren Zustand in Kenntnis setzen sollen.

A.: Da ist höchste Behutsamkeit angebracht. Wenn die Wahrheit in biblischem Verständnis stets konkret ist, ergibt sich daraus eben auch die Verpflichtung, ebenso konkret und das heißt behutsam mit ihr umzugehen.

Dietrich Bonhoeffer beschreibt das in seiner Ethik so: *"Die Gott geschuldete Wahrhaftigkeitsgemäßheit unserer Worte muss in der Welt konkrete Gestalt annehmen. Unser Wort soll nicht prinzipiell, sondern konkret wahrheitsgemäß sein.... Die Wahrheit sagen muss also gelernt werden ... Jedes Wort lebt und ist beheimatet in einem bestimmten Umkreis. Das Wort in der Familie ist ein anderes als das Wort im Büro oder in der Öffentlichkeit. Das Wort, das in der Wärme persönlicher Beziehung geboren ist, erfriert in der kalten Luft der Öffentlichkeit."* Und dann gibt er folgendes Beispiel: *"Ein Kind wird von seinem Lehrer vor der Klasse gefragt, ob es wahr sei, dass sein Vater oft betrunken nach Hause komme? Es ist wahr, aber das Kind verneint es ... Man kann nun zwar die Antwort des Kindes eine Lüge nennen; trotzdem enthält diese Lüge mehr Wahrheit ... als wenn das Kind die Schwäche seines Vaters vor der Schulklasse preisgegeben hätte.... Die Schuld als Lüge fällt allein auf den Lehrer zurück."*[8]

B.: Mir ist aufgefallen, dass Bonhoeffer nicht von Wahrheit, sondern von Wahrhaftigkeit spricht. Und das hat noch einen weiteren Sinn, denn diese ist nur in Liebe möglich. Die Wahrheit wird uns frei machen, sagt Jesus. Aber nur, wenn sie nicht dazu missbraucht wird, andere Menschen zu beschämen. Gebe uns Gott die Kraft, die Wahrheit stets in diesem Geist zu suchen und zu reden.

---

[8]   D. Bonhoeffer: „Ethik", in „Bonhoeffer-Auswahl, Bd. 4" Gütersloh 1970, S.140)

> Du sollst nicht begehren deines Nächsten Haus.
> Du sollst nicht begehren deines Nächsten Weib, Knecht, Magd,
> Rind, Esel noch alles, was dein Nächster hat.

A.: Zu Beginn haben wir uns mit der unterschiedlichen Zählung der Gebote befasst. Luther und die katholische Kirche zählen sie anders als Zwingli, weil sie – wie wir gesehen haben – das zweite Gebot, das Bilderverbot, entweder ganz unter den Tisch haben fallen lassen oder unter das erste Gebot subsumiert haben. Um trotzdem auf die Zahl zehn zu kommen, wurde das letzte Gebot in zwei aufgeteilt, so dass nach lutherischer und römisch-katholischer Zählung das neunte Gebot lautet: *"Du sollst nicht begehren deines Nächsten Haus."* Und das zehnte: *"Du sollst nicht begehren deines Nächsten Weib, Knecht, Mag, Rind, Esel noch alles, was dein Nächster hat."*

B.: Aber haben die Katholiken und Luther im Grunde nicht Recht mit ihrer Zählung? Handelt es sich denn nicht tatsächlich um zwei Gebote?

A.: Dieser Eindruck entsteht vor allem, wenn wir uns zusätzlich die Aufzählung im 5. Buch Mose anschauen (5. Mos. 5,21 f.). Da heißt es: *"Du sollst nicht begehren deines Nächsten Weib. Du sollst nicht begehren deines Nächsten Haus, Acker, Knecht, Magd, Rind, Esel, noch alles, was dein Nächster hat."*
Hier wird das Begehren der Frau des Nächsten vom Begehren alles Übrigen getrennt, so dass der Eindruck, es handle sich um zwei Gebote, noch verstärkt wird. Dennoch ist es nur eins, weil in der damaligen patriarchalischen Gesellschaftsordnung sowohl die Ehefrau als auch die Knechte und Mägde Eigentum des Hausherrn waren.

B.: Da werden doch Menschen mit Tieren, ja sogar mit Sachen auf eine Stufe gestellt. Denn es heißt ja weiter: *".....Rind, Esel .... alles, was dein Nächster hat."* Also Haus und Hof, Grund und Boden, materielles Eigentum.

A.: Natürlich widerstrebt das unserem modernen Denken. Aber ganz so, wie du es darstellst, war es trotzdem nicht. Weder die Frau, noch die Knechte und Mägde wurden auf dieselbe Stufe wie die Tiere gestellt. Schon gar nicht waren sie Sachen, wie die Sklaven im Alten Rom. Denk nur an unsere Diskussion über das Sabbatgebot –

dieses fordert ausdrücklich auch Knechte und Mägde zum Ruhen auf und ebnet so, zumindest für einen Tag in der Woche, die Rangunterschiede ein. Außerdem haben wir uns auch mit den verschiedenen Schutzbestimmungen des Alten Testaments beschäftigt, die in der damaligen Umwelt einmalig waren und den Sklaven eine wesentlich bessere Stellung zuerkannten als dies in anderen Gesellschaften jener Zeit der Fall war.

Noch weniger gilt dies für die Ehefrau. Erinnere dich an die Diskussion über das siebente Gebot zurück, das vom Ehebruch handelte. Da haben wir auch die Frage der Ehescheidung besprochen und festgestellt, dass die Ehefrau im Alten Israel keineswegs so rechtlos war wie das heute oft dargestellt wird. Aber natürlich kann die Situation der Frau mit der heutigen nicht verglichen werden.

Wenn ich trotzdem sage, dass Frau und Knechte, bis zur Eheschließung aber auch die Kinder, Eigentum des Hausherrn waren, dann muss gleichzeitig bedacht werden, dass ihnen dadurch ihr Personsein keineswegs abgesprochen wurde. Das Eigentum-Sein wurde weniger als ein Besitzverhältnis, sondern vielmehr als ein Beziehungsverhältnis betrachtet. Frau, Knechte und Kinder standen zum Familienoberhaupt in einer ganz bestimmten Beziehung, wobei der Vater fraglos der Chef war und das Sagen hatte. Andrerseits hatte er auch die Pflicht, für seine Familie zu sorgen und sie zu beschützen. Dieses Verhältnis ist ungefähr vergleichbar mit dem, was Jesaja im 43. Kapitel über das Verhältnis Gottes zu Israel so ausdrückt: " *So spricht der HERR, der dich gemacht hat, Israel: Fürchte dich nicht, denn ich habe dich erlöst; ich habe dich bei deinem Namen gerufen; du bist mein.*" (Jes. 43,1). Analog wurde auch die Beziehung zwischen dem Familienvater und den Familienmitgliedern, zu denen im damaligen Verständnis im weiteren Sinne auch die Knechte und Mägde gehörten, gedacht. Daher spricht die Bibel zumeist nicht von der Familie, sondern vom "Haus".

B.: Nun gut, ich nehme das halt einmal so zur Kenntnis. Das zeigt wieder, wie schwierig es ist, alte Texte richtig zu verstehen, weil sie ja in einer ganz anderen gesellschaftlichen Wirklichkeit entstanden sind und diese widerspiegeln.

A.: Daher ist es auch Aufgabe der so genannten historisch-kritischen Bibelexegese, diese Zusammenhänge aufzudecken und bewusst zu machen. Zu zeigen, wie die wirtschaftlichen und sozialen, aber auch kulturellen und religiösen Verhältnisse zu der Zeit, als ein Text abgefasst wurde, waren. Man spricht auch davon, dass ein Text seinen "Sitz im Leben" hat. Damit meint man die konkrete Verankerung eines Textes im Leben, in der gesellschaftlichen Wirklichkeit einer bestimmten Epoche.

B.: Sicher ist das ganz wichtig. Gerade durch diese Diskussionen habe ich ungeheuer viel über jene Zeit, über die Gesellschaft des Alten Orients, das Alte Israel, gelernt.

Andrerseits stellt sich doch die Frage: Was geht das mich heute an? Zum Beispiel dieses letzte Gebot – heute sind die Frauen eben nicht mehr Eigentum ihrer Männer, auch wenn du das nicht als Besitz-, sondern Beziehungsverhältnis darstellst. Heute ist die partnerschaftliche Ehe, in der beide Seiten einander als gleichwertig ansehen, der gesellschaftlich wünschenswerte Typus. Was nützt es mir heute zu wissen, wie dieses Gebot vor dreitausend Jahren verstanden wurde. Mir ist wichtig, es in unserer Zeit anzuwenden.

A.: Darum gilt es, die über die Grenzen der Kultur und Epoche gleich bleibende Botschaft aus dem Text herauszufiltern. Luther hat einmal gesagt, es komme darauf an, die Nuss zu knacken, um an den Kern zu gelangen. Die Nussschale – das ist eben die Zeitbedingtheit des Textes, der Kern – das ist die zeitlose Botschaft.

B.: Und wie könnte die in diesem Fall lauten?

A.: Ganz einfach so: Tu nichts, was die Lebensgrundlagen deines Mitmenschen zerstören könnte. Im alten Israel war die Familie die Lebensgrundlage schlechthin. Außerhalb des Familienverbandes war es schier unmöglich zu überleben. Heute, da die Familie nicht mehr eine so zentrale Rolle spielt, sind es eher frei eingegangene Beziehungen, die zu respektieren und zu schützen sind. Das sind natürlich noch immer vielfach familiäre Beziehungen: Ehe, Kinder, dennoch sollten wir auch andere Formen der Beziehung respektieren.

Es geht aber auch um jene Beziehungen, in denen die materiellen Lebensgrundlagen im Mittelpunkt stehen: also Arbeits- und Geschäftsbeziehungen. Auch hier verbietet uns dieses Gebot, dem Mitmenschen Schaden zuzufügen – Arbeitnehmer auszubeuten, oder Geschäftspartner zu betrügen. In seinem Großen Katechismus sagt Luther zu diesem Gebot: *"Es verbietet, einen anderen in Geschäften zu überrumpeln, zu übervorteilen, zu betrügen."*

B.: Genau das scheint heute aber der Normalfall zu sein.

A.: Umso wichtiger ist daher dieses letzte Gebot des Dekalogs.

B.: Ich würde die Quintessenz dieses Gebotes in folgenden Worten zusammenfassen: Jedem das Seine.

A.: Das wäre auch die Quintessenz des ganzen Dekalogs. So wäre ein Leben in Würde und Freiheit für alle möglich.

82